이것이 진짜
공부 스타일이다

7년간 3만 명의 학습 동기를 바꾼
16스타일 공부법

이것이 진짜
공부 스타일
이다

김송은, 에듀플렉스 교육개발연구소 외 지음

다산
에듀

서울에서 부산까지 가는 가장 좋은 방법은 무엇일까? 흔히들 '기차도 비행기도 아니고, 좋아하는 사람과 함께 가는 것'이라고 말한다. 과연 정답일까? 혼자 있는 것을 좋아하는 사람에게는 좋아하는 사람도 부담스러울 때가 있다. 그러기에 가장 현명한 답은 '자기가 가장 좋아하는 방법으로 가는 것'이 된다.

공부에도 비슷한 질문이 가능하다. 공부 동기를 바꾸고 공부 의욕을 드높일 수 있는 가장 좋은 방법은 무엇일까? '공부의 신'이 전하는 '공부의 왕도'를 무작정 베끼면 되는 것일까? 물론 시행착오를 통해 몇 가지 교훈을 얻을 수야 있겠으나, 안타깝게도 학생들에게 그리 시간이 많지 않다.

또 반복되는 시행착오는 공부에 대한 흥미를 떨어뜨리고, 자존감을 손상시키며, 심하면 자신에 대한 씻을 수 없는 좌절을 남기기도 한다. 이렇듯 이 방법만으로는 크나큰 공부의 혁신을 이룰 수 없다. 내 것이 아니기에 그러하다.

한때, 좋은 콘텐츠를 보유한 사람이 높은 성적을 받을 수 있다고 믿었던 시대가 있었다. 유명한 교재와 명강사가 중요했다. 학생과 학부모는 잘 가르친다는 과외 선생님을 찾아 헤맸고, 이름난 강사의 강의는 새벽부터 수백 명의 학생이 줄을 섰다. 그런데 지금은 시대가 달라졌다. 콘텐츠의 시대는 이미 지나갔다. 이제 마음만 먹으면 수억 원대 강사의 강의는 온라인 상에서 쉽게 만날 수 있다.

하지만 똑같이 강의를 듣더라도, 누군가는 성적이 오르고, 누군가는 예전의 성적에서 벗어나지 못한다. 그 이유는 무엇일까? 공부는 결국 한 개인의 내면에서 벌어지는 지독하게도 내밀한 인식의 과정이기 때문이다. 그래서 공부를 행하는 개인에게 주목하지 않으면 똑같은 수업을 듣고도 제 각각의 결과를 얻는 비밀은 풀릴 수 없다. 공부에 있어서도 이제는 '사람', 즉 학생 개개인에 주목해야 한다.

공부를 잘하려면 이렇게 하면 된다는 비결을 알려주는 책은 서점에 널려 있다. 이 책은 조금 다른 얘기를 해 보려고 한다. 어떻게 공부해야 하는가를 말하기에 앞서, 공부하는 '나'는 어떤 사람인지에 대해서 먼저 살펴보고자 한다.

친구가 인생의 중심인 아이, 세상의 불만을 다 품은 듯한 얼굴을 하고 있는 아이, 아침마다 앞머리 손질에만 한 시간을 쓰는 아이, 뭘 물어도 '몰라'만 반복하는 아이, 겨울에는 얇은 옷을 입고, 여름에는 두꺼운 옷을 골라 입는 아이, 가랑잎만 굴러가도 까무러치게 웃다가 금세 눈물을 뚝뚝 떨구는 롤러코스트 같은 마음을 지닌 아이들의 내면에 귀 기울여 보고자 한다.

하지만 학생 개개인을 이해한다는 것은 쉬운 일은 아니었다. 사고 방식, 감정, 행동 패턴 그 밖의 모든 것을 고려해야 하는 미묘한 일이었다. 겉으로 드러나는 징후가 분명한 것도 아니었고, 숫자로 환원할 수 있는 지표가 뚜렷한 것도 아니었다. 오로지 누군가와 오래도록 대화하고, 교감한 사람만이 한 명의 학생에 대해서 비교적 올바로 파악할 수 있었다.

10년 넘게 에듀플렉스를 찾은 수 만 명의 학생들은 매니저와 함께 많은 시공간을 공유했다. 학생들은 어쩌면 집에서보다 더 오랜 시간을 학습실에서 보냈고, 부모님에게도 하지 못한 숱한 이야기들을 매니저와 나누었다. 또 학생들은 저마다 달라서 각자의 눈높이에서 그들만의 이야기에 귀 기울이지 않으면 결코 마음을 주지 않았다. 필연적으로 우리는 학생의 마음에 다가서는 각각의 방법에 천착할 수밖에 없었다.

이러한 과정을 통해 7년간 3만 명이 넘는 학생들을 다각적으로 분석해 16타입으로 분류하고 각자에 맞는 16스타일 공부법을 밝혀 낼 수 있었다.

스스로에게 맞는 공부법을 찾고 싶은 학생, 자녀에 대한 더 깊은 이해를 얻고자 하는 학부모, 개성이 다양한 다수의 학생들과 함께 하는 선생님, 그밖에 이 책을 만난 모든 분들께, 공부하는 주체를 주목하는 하나의 진정성 있는 대안으로서 이 책이 공헌할 수 있기를 기원한다.

김송은

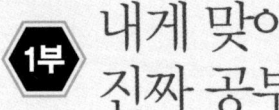

1부

내게 맞아야
진짜 공부법이다

1 소연이와 진희의 공부법

중3 소연이는 영어, 수학 학원을 1년 넘게 다니며 이미 고등학교 선행을 하고 있지만, 정작 가장 큰 고민은 중3 수학이다. 학원 수업도 열심히 듣고, 빠짐없이 숙제도 하고, 최상위 문제집도 여러 권 풀어 보았지만, 수학 성적은 늘 80점대를 벗어나지 못한다. 학원 선생님이 시키는 대로 다 했는데 도대체 왜 성적이 오르지 않는 걸까?

문득 소연이는 중학교 내내 반에서 1등을 놓치지 않는 친구 진희의 공부 방법이 궁금해졌다. 도대체 진희는 어떻게 공부하고 있을까?

1. 수업 시간

수업 시간이 시작된 지 10분, 학원에서 고등 수학을 배우고 있는 소연이는 학교 수업이 재미없어 건성으로 듣고 있다. 앞에서 열심히 설명하시는 선생님의 풀이 방법은 이미 다 알고 있는 것이다. 처음 듣는 말인 양 열심히 고개를 끄덕이는 앞자리의 친구가 약간 우습게 보이기도 한다. 소연이는 차라리 이 시간에 학원 숙제를 하는 것이 낫겠다는 생각에 학원 문제집을 꺼낸다.

수업이 시작되기 전, 진희는 오늘 배울 내용이 무엇인지 살펴본다. 이것은 진희의 오래된 습관이다. 오늘 배울 내용에서 '이차방정식 중 근의 공식 유도 과정'이 가장 중요하다는 것을 파악하니 궁금한 것이 많아진다.

드디어 수업이 시작되고, 선생님이 근의 공식을 유도하는 과정을 설명해 주신다. 궁금했던 내용이라 진희는 더욱 집중하고, 그런 만큼 복잡하게 보였던 근의 공식이 좀 더 쉽게 이해된다. 교과서에 빨간색 펜으로 박스 표시를 한다. 시간이 지난 뒤, 복습할 때 다시 한 번 살펴보기 위해서이다.

2. 노트 필기

문구류를 좋아하는 소연이는 필통이 두 개다. 필통 하나에는 샤프와 색깔 펜이, 또 하나에는 열두 가지 색의 색연필이 들어 있다. 노트 필기를 할 때 소연이는 필통 두 개를 모두 열어 두고 자기만의 방식으로 필기한다.

기본 글씨는 검은색으로 필기하고, 중요한 내용은 노란색 색연필로 줄을 긋는다. 노란 줄 위에는 반드시 분홍색 별을 추가한다. 보충 설명은 특별히 0.5밀리미터 하늘색 펜으로 작게 써 넣는다. 그 밖에도 과목에 따라 사용하는 펜이 정해져 있으니 한 번 필기할 때마다 대략 대여섯 가지 펜이 필요하다.

규칙에 따라 필기하다 보면, 가끔 선생님의 설명을 놓친다. 하지만 형형색색으로 정돈된 노트를 보고 있으면 누구보다도 열심히 공부한 것 같은 뿌듯한 마음이 든다.

진희의 필기 도구는 간단하다. 샤프 하나다. 모든 필기는 샤프로 정리하고, 대신 중요한 부분에는 줄을 긋거나 별 표시를 할 뿐이다. 마지막으로 수업을 마치기 직전, 진희는 자신이 필기한 내용을 훑어 보며 핵심이라고 생각되는 내용을 빨간색 펜과 파란색 펜으로 따로 표시한다. 수업이 이미 끝났기에 필통을 뒤적거려도 놓치는 내용은 없다.

3. 복습

학교 수업이 끝나면 소연이는 서둘러 가방을 싼다. 일주일에 영어 학원은 이틀, 수학 학원은 사흘을 가야 하기 때문이다. 다른 친구들보다 학원이 많은 편은 아니지만, 소연이의 오후는 학원 스케줄과 숙제로 몹시 바쁘다.

영어 학원에서는 영어가 가장 중요한 과목이라고 말하고, 수학 학원에서는 수학에 제일 많은 시간을 투자해야 한다고 말한다. 그래서 두 학원 모두 소연이에게 많은 숙제를 내 준다. 소연이는 학교를 마치고 나면 이렇게 학원 수업을 듣고, 학원 숙제를 하느라 여념이 없다.

학교에서 돌아온 진희가 제일 먼저 하는 것은 오늘 수업한 주요 과목을 복습하는 것이다. 교과서와 수업 시간에 필기한 내용을 보며 중요한 내용을 다시 정리하고, 이해가 되지 않는 부분은 다시 자습서를 보면서 보충한다.

마침 오늘 배운 이차방정식 중 근의 공식 유도 과정을 집에서 혼자 해 보려니 막상 잘되지 않는다. 벌써 기억이 가물가물한 것이다. 찬찬히 필기한 내용을 다시 읽어 보니 그제야 이해가 된다. 진희는 복습은 역시 밀리지 않고 해 두는 것이 효과적이라고 생각하며 고개를 끄덕인다.

4. 공부 계획

소연이는 공부 계획을 세워 본 적이 없다. 무엇을 공부해야 할지도 고민해 본 적이 없다. 공부 계획 대신 학원 스케줄이 있었기에 고민할 필요가 없었다. 학원 수업과 숙제만으로도 일주일이 모자랄 지경이니 말이다.

진희도 초등학교 때까지는 마구잡이로 공부했다. 그런데 중학교 첫 시험을 망친 후, 계획의 중요성을 깨달았다. 좋아하는 과목만 공부하고, 싫어하는 과목은 시험 전날까지 방치했던 진희는 중학교 공부가 초등학교 때처럼 하루 전에 반짝 외운다고 해결되는 것이 아니라는 사실을 절실히 깨달았다.

그래서 공부해야 할 양도 많고 어려운 과목은 적어도 몇 번은 반복하고 완벽하게 정리할 수 있도록 계획을 세웠다. 그때부터 진희는 일주일 단위로 공부해야 할 과목과 양을 정하고, 요일별로 그날 소화해야 하는 예습 및 복습 내용과 수행 평가 등을 챙기고 있다.

특히 수학과 영어는 수업을 들은 날, 무조건 다시 복습하는 계획을 잡았고, 남은 요일에는 과학과 국어를 배정했다. 주말에는 읽고 싶었던 책을 읽거나, 주중에 틀렸던 문제들을 모아 놓은 오답 노트를 복습했다.

진희는 학원을 다니지 않지만, 자기가 정한 공부 계획이 있었기에 매일 규칙적인 시간에 공부하는 습관을 지닐 수 있게 되었다.

5. 학습 방법

소연이는 오늘도 학원 숙제를 한다. 영어 학원 숙제는 단어 암기와 문법 문제 풀이, 수학 학원 숙제는 50문제 풀기다. 학원에서 수업을 들을 때는 다 이해한 것 같았는데, 막상 집에서 혼자 하려니 막히는 부분이 많다.

특히 수학은 50문제나 풀어야 하기 때문에 시간이 부족하다. 그래서 막히는 문제가 생기면 별표를 하고 빨리빨리 다음 문제로 넘어간다. 학원에는 몰라서 못 풀었다고 얘기하면 그만이다. 풀리지 않아 표시한 문제가 열 개도 넘는다.

진희는 수학을 공부하는 자기만의 순서가 있다. 먼저, 교과서에 진하게 강조된 단원의 핵심 개념을 이해한다. 교과서와 익힘책을 펼쳐 놓고, 핵심 개념을 이해하기 전까지는 문제를 풀지 않는다. 특히 새로 나온 공식은 유도 과정을 꼭 확인한다. 유도 과정을 이해하지 않고 그냥 외우기만 하면, 언젠가 꼬아 놓은 문제에서 꼭 말썽이 생기기 때문이다. 이 과정이 끝나면 기본 문제를 시작으로 각 단원의 핵심 유형을 하나씩 정복한다. 이렇게 핵심 개념이 어떻게 각각의 유형으로 문제화 되는지 알아 가는 과정은 참 재미있다.

유형에 대한 기초 학습이 끝나면 최상위 난이도의 문제에 도전한다. 자습서와 교과서를 모두 넘나들며 어려운 문제마저 이해하게 되면 진희는 말할 수 없는 희열을 느낀다. 진희가 수학 시험에서 늘 100점을 맞는 이유는 이렇게 수학을 공부하는 기쁨을 알기 때문이다.

6. 교재

소연이는 이번 수학 시험에서 반드시 100점을 받겠다고 결심을 한다. 투지를 불태우며 서점으로 달려가 최상위권 수학 문제집 두 권을 더 샀다.

원래 갖고 있던 문제집 두 권, 학원 교재 한 권, 학원 시험 대비 워크북 한 권, 거기에 이번에 새로 산 최상위 문제집 두 권까지 소연이는 총 여섯 권이나 되는 수학 문제집을 풀 계획이다. '이렇게까지 철저히 대비했는데, 설마 만점을 받지 못하는 건 아니겠지' 하는 마음으로 기대에 부풀어 오른다.

하지만 이번 시험에서 소연이는 겨우 90점을 넘었다. 지난번보다 점수가 조금 오르긴 했지만 맥이 빠지기는 마찬가지다. '더 많은 문제를 풀었어야 했나'라는 반성도 한다.

진희는 이번 수학 시험에서 98점을 받았다. 진희가 가진 수학 문제집은 개념서 한 권과 유형 문제집 한 권뿐이다. 대신 진희는 교과서와 익힘책을 더 많이 활용한다. 문제집은 두 권뿐이지만, 진희 역시 시험 전까지 문제를 '많이' 푼다.

진희는 문제를 풀고 나서 문제집에 답을 쓰지 않는다. 모든 풀이 과정과 점수는 풀이 노트에 적는다. 문제집에는 틀린 문제가 무엇이었는지만 V표시를 한다. 맞추긴 했지만 애매했던 문제는 △표시를 해 둔다. 풀이 노트에서 틀린 문제는 오답 노트에 기록해 한 번 더 푼다. 시험이 다가오면 그동안 문제집에 V표시나 △표시를 한 문제들을 한 번 더 푼다. 오답 노트에 쌓인 문제들은 모두 모아 주말에 다시 한 번 풀기를 반복한다.

이렇게 진희는 문제집이 많이 없어도, 많은 문제를 풀게 된다. 이 과정을 통해 진희는 여간 해서는 모르는 문제가 없다. 이번 시험에서 실수로 틀린 문제도 다시 진희의 오답 노트에 기록되었다.

7. 공부의 이유

학원을 다녀온 소연이는 온몸이 녹초가 된다. 아침 일찍부터 학교와 학원을 쫓아다니느라 몸이 천근만근 무겁다. 하지만 아직은 쉴 수가 없다. 영어 학원 숙제가 남아 있기 때문이다. 숙제를 마치고 나니 어느덧 시간은 12시가 넘었다. 늘 잠이 부족해 머리는 하루 종일 멍한 상태다.

열심히 공부해도 성적은 오르지 않고, 기약 없는 이 고생을 쳇바퀴

돌 듯 반복할 생각을 하니 갑자기 맥이 빠진다. 문득 소연이는 '도대체 내가 왜 이러고 살아야 하나'라는 한탄스러운 마음이 든다. 차라리 공부를 포기한 듯 자유롭게 지내는 친구들이 멋있어 보인다.

진희는 반기문 UN 사무총장처럼 국제기구에서 일하는 사람이 되고 싶다. 아직 직업에 대해서 구체적으로 정한 것은 아니지만, 세계 여러 나라 사람들과 소통할 수 있는 일을 하고 싶다는 생각만큼은 뚜렷하다. 국제 교류와 관련된 전공을 선택하고 싶다고 생각하니 이것저것 궁금한 것도 생긴다. 공부가 힘들어질 때는 대학 홈페이지나 UN 홈페이지를 들러 내용을 살핀다. 그러고 나면 거짓말처럼 다시 공부할 마음이 생긴다.

소연이와 진희의 공부하는 모습은 서로 다르다. 수업 시간에서부터 노트 필기, 복습, 공부 계획, 학습 방법, 교재, 공부의 이유에 이르기까지 총체적으로 차이가 난다. 이는 소연이가 궁금해 하는 진희와의 성적 차이에 대한 이유를 설명해 준다. 이렇듯 학생 개개인에게 맞는 공부 방법을 논하기 전에 올바른 공부 방법을 이해하는 것이 중요하다.

2 누구나 따라야 하는 '절대 공부법'이 있을까?

흔히 말하는 '공부의 왕도'라는 것이 있을까? 공부의 왕도까지야 모르겠지만, 소연이와 진희의 사례에서 보는 바와 같이 누구나 따라야 하는 공부의 절대적 철칙은 존재한다. 이것은 새로운 지식을 자신의 것으로 받아들이는 데 꼭 필요하고 효율적인 방법으로 누구에게나 적용할 수 있다. 또 올바로 공부하기 위해서라면 예외 없이 실천해야 하는 공부의 중요한 과정이다. 이는 아래와 같이 나타낼 수 있다.

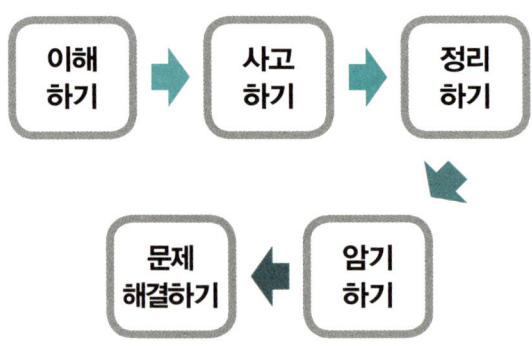

공부의 절대 법칙

이해하기	국어	• 학습하기 전에 미리 알아야 할 배경지식을 익히는 갈래 학습하기 • 글의 의미를 생각하며 읽고 받아들이기
	영어	• 새로운 단어의 의미를 파악하기 • 문법 등의 용어와 내용을 익히기
	수학	• 새로운 용어를 이해하기 • 새로운 수학 기호의 의미를 수용하기
사고하기	국어	• 글의 숨겨진 의미를 추론하기 • 알고 있는 어휘를 활용하여 새로운 어휘의 의미를 유추하기
	영어	• 문맥을 통해 모르는 단어의 의미를 유추하기 • 알고 있는 문법을 적용하여 새로운 용법을 이해하기
	수학	• 새로 공부한 공식의 유도 과정을 이해하여 공식이 적용되는 방식을 이해하기
정리하기		학습한 내용을 체계적으로 배열하고 기존 학습 내용과 유기적으로 연결하여 논리적으로 정렬하는 것
암기하기		이해하고 사고하고 정리한 내용을 암기하여 바로 꺼내어 쓸 수 있는 상태로 만드는 것
문제 해결하기		다양한 문제의 유형별 접근법을 익혀 적용할 수 있으며, 새로운 유형의 문제를 접했을 때 새로운 접근법을 구상, 적용하는 것

과정별 활동의 의미와 과목 활동

'이해하기' 단계를 통해 새로운 지식의 의미를 수용하고, '사고하기' 과정 속에서 그 의미를 기존에 알고 있던 지식과 비교·대조하여 자신의 것으로 체계화한다. '정리하기' 단계에서는 새로 받아들인 지식을 논리적으로 정렬하여 저장하기 좋은 위치에 배열하며, 이후 '암기하기' 과정에서는 언제든 필요한 때에 바로 활용할 수 있도록 지식을 기억한다. 이 과정을 통해 습득된 지식은 최종적으로 '문제 해결하기' 과정에서 다양한 유형의 문제와 접하며 시험에 최적화된 방식으로 지식을 재인식하게 된다.

세부적인 측면에서 다양한 방법들이 존재할지라도, 지식을 처음으로 접한 학생은 전반적으로 이러한 학습의 단계를 거친다. 그리고 이때, 각 과정에서 하나라도 허술하게 넘어가거나 생략한다면, 필연적으로 문제가 발생한다. 그러하기에 이 과정을 '공부의 절대 법칙'이라 한다.

그렇다면 왜 우리는 나에게 최적화된 나만의 공부법을 찾아야 할까?

3 나에게 최적화된 나만의 공부법을 찾아야 한다

　공부의 각 단계를 좀 더 세밀하게 살펴보면, 그 하나하나의 과정이 학생의 기질과 성향에 따라 조금씩 다르다는 것을 알 수 있다. 학생의 인지적 능력에 따라 각 단계별로 어려움을 겪는 이유도 다르다. 무엇보다 '공부'를 대하는 태도도 학생의 성향에 따라 모두 다르다.

　가령, 영어 단어 하나를 암기한다 해도 학생마다 방식이 다르다. 텍스트 자체가 쉽고 편하게 외워지는 학생, 텍스트를 그림과 1:1로 연결하여 암기하는 것이 효과적인 학생, 연상 기억법에 의존하는 것을 선호하는 학생 등 같은 공부를 하더라도 그 방법은 가지가지다.

이렇게 절대 공부법에서 말하는 '암기하기' 과정은 공부를 완성하기까지 모든 학생들이 필연적으로 거쳐야 하는 공부의 주요 단계이지만, 그 단계를 수행하는 실질적 방법은 이 세상에 존재하는 학생의 수만큼이나 다양하다.

그래서 올바른 학습의 전체적 단계를 이해했다면 나에게 가장 적합한 나만의 공부법을 구축해 나가야 한다. 같은 시간을 투자하고, 같은 노력을 기울였을 때, 가장 효과적인 방법을 찾는 것이 공부의 중요한 관건이기 때문이다. 이는 주어진 시간이 같을 때, 효과적으로 게임을 운용하는 사람이 이기는 것과 같은 이치다.

그런 의미에서 보면 또 어쩌면 공부의 절대 원칙이란 없을 수 있다. 오로지 공부라는 고독한 레이스를 벌이고 있는 나만의 리그가 존재할 뿐. 그리고 그 경주에서 승리하기 위해서는 무엇보다도 그 길을 달리는 유일한 존재인 '나'를 이해하는 일이 선행되어야 한다. 정확하고 깊이 있는 나에 대한 이해만이 오로지 나를 위한 최선의 방법이 무엇인지를 찾아낼 열쇠이기 때문이다.

4 나만의 공부법을 알려면 나의 스타일을 알아야 한다

다시 민정이와 철민이라는 두 명의 학생이 있다. 둘 다 반에서 중간 정도의 성적을 유지하고 있다.

민정이가 상위권이 되지 못하는 결정적인 이유는 잔걱정이 너무 많다는 것이다. 친구들의 무심한 말 한마디에 상처를 받아 며칠 동안 고민에 빠지기도 하고, 여동생이 자기보다 공부를 잘하는 것에도 마음이 많이 쓰인다. 부모님이 동생보다 공부 못하는 자신을 어떻게 여기실지를 생각하면 기분이 우울해져서 공부할 마음이 더 사라진다. 책을 펴면 그날 하루 자신에게 상처 준 사람들의 얼굴이 떠올라 기분이 점점 가라앉는다. 자신이 공부를 잘 하는 사람이었다면 모든 면에서 지금보다 조금은 나았을 것이라 생각한다. 상처 받은 마음이 너무 쓰라려서 민정이는 오늘도 공부에 집중할 수가 없다.

한편 철민이가 상위권이 되지 못하는 이유는 전혀 다르다. 철민이는 공부가 전혀 두렵지 않다. 마음만 먹으면 반에서 1등 정도는 얼마든지 할 수 있다고 생각한다. 늘 자신감도 넘친다. 다만 아직은 자신에게 공부할 마음이 없다는 것이 문제인데, 그거야 마음만 한번 먹으면 되는 것이기에 큰 걱정을 하지 않는다. 마음은 이미 최상위권이므로 교재도 최고 난이도의 문제집을 준비한다. 다른 모든 준비는 완벽하니 이제 간단하게 마음만 먹어 주면 되겠지만, 철민이는 아직 그 마음이라는 것을 먹지 못한다. 책상에만 앉으면 좀이 쑤시고, 책을 펼치니 도무지 무슨 말인지 이해되지 않는다. 과감하게 철민이는 책장을 덮는다. 아직 때가 아니라는 생각이 밀려온다.

이 두 학생에게 동일한 공부법을 적용할 수 있을까? 물론 아니다. 민정이에게 최상의 공부법이 철민이에게 해법이 될 수 없다. 그러므로 공부라는 거대한 벽과 마주하기 전, '나'를 이해하는 것이 먼저다.

이는 나의 기질, 성격, 가치관, 학습 습관, 사고 방식, 감정 패턴, 의사 소통 방법, 삶에 대한 비전 등 진지한 자기 탐색을 통해서 해답을 찾을 수 있다. 나아가 이것이 바탕을 이룰 때 나만의 '진짜 공부 스타일'을 정립할 수 있다. 공부라는 행위는 지독히 내밀하고 개별적인 정신 활동이기 때문이다.

그렇다면 과연 나에게는 어떤 스타일의 공부 방법이 꼭 맞을까?

2부에서는 7년 동안 약 3만 명 이상의 학생들의 빅데이터를 분석해 얻은 총 16가지 타입에 대한 각기 다른 공부 스타일을 제안한다. 제1타입 엄친아부터 제16타입 무심이에 이르기까지 학생에 대한 개별적 이해는 학생들이 자기주도학습을 실천하도록 하는 든든한 나침반이 되어줄 것이다.

학생들은 자신의 유형에 대한 이해를 바탕으로 스스로도 알지 못

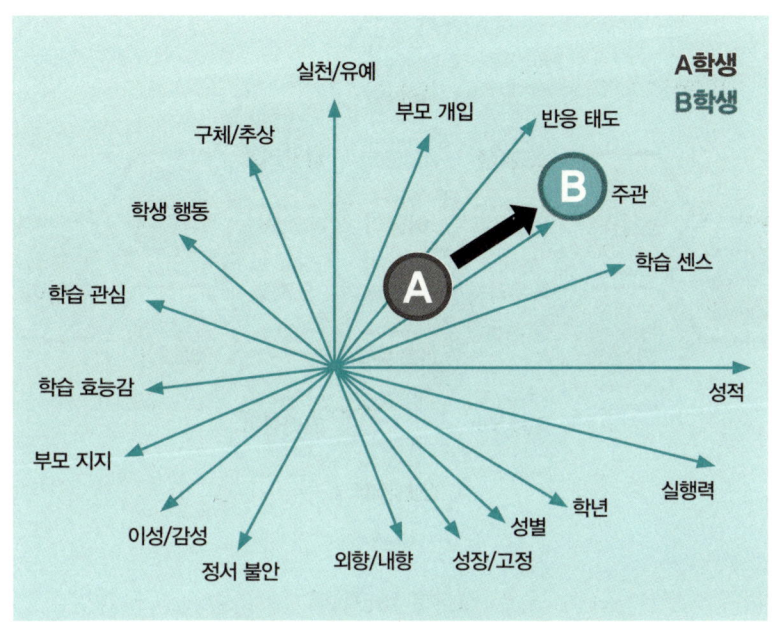

실천/유예
부모 개입
A학생
B학생
구체/추상
반응 태도
학생 행동
B 주관
학습 관심
학습 센스
A
학습 효능감
성적
부모 지지
이성/감성
실행력
정서 불안
학년
외향/내향 성장/고정 성별

학습 영향 요인

했던 자신의 주요한 문제를 깨칠 수 있다. 나아가 학부모는 질풍노도의 한가운데에 있는 자녀에 대하여 여러 층위에서 복합적으로 이해할 수 있다. 결국 학생의 학업적 성장을 이루기 위한 가장 올바른 접근법은 그것을 수행하는 주체인 학생의 개성에 주목하는 것이다.

지금부터 2부에서 제시하고 있는 16가지 학생들의 유형별 공부 스타일을 따라가 보자. 체크리스트를 통해 나를 파악한 뒤, 타입 스토리를 읽으며 나와 가장 공감되는 한 타입의 학생을 만날 수 있다. 나아가 맞춤 공부법과 코칭 스토리를 통해 자기 앞에 놓인 힘겨운 학습의 고비에 대한 실마리를 얻을 수 있다. 그리고 마지막으로 액티비티를

성향별 16타입론

통해 변화가 시작될 것이다.

　단 한 번의 깨달음으로 꼴등에서 천재로 환골탈태하는 요술은 불가
능하다. 하지만 분명 자신만의 공부법을 찾아 성장의 방법을 깨친 학
생은 조금씩 변화의 길을 걸어, 마침내 기적과도 같은 결과를 맛본다.
그렇다면 누군가에게 허락된 그 전격적 변화들이 나에게도 찾아오게
하려면 가장 먼저 무엇이 필요할까? 지금부터 그 길을 찾아보자.

2부

16스타일 공부법으로
스스로 공부하라

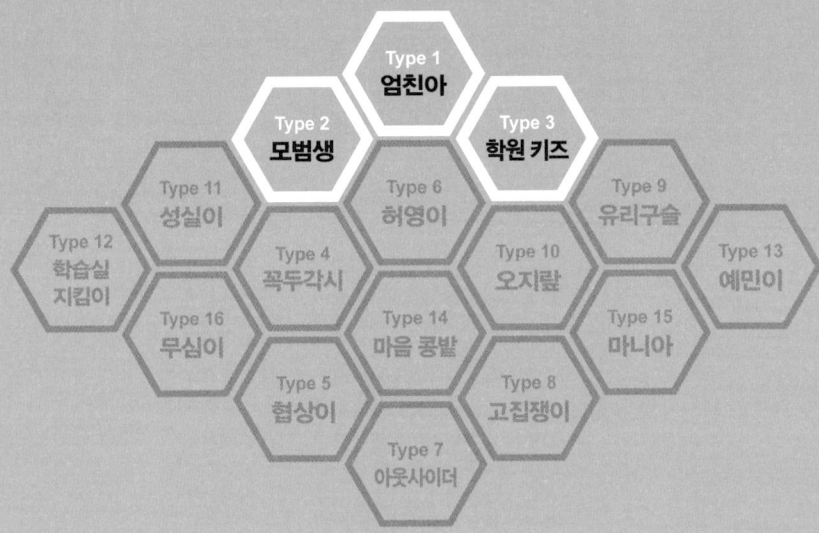

상위권

Part 1
그들만의 리그

진짜 인생의 멘토를 찾아라

엄친아

공부도, 운동도,
외모도 내가
제일 잘나가!

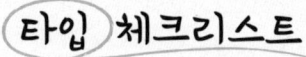 타입 체크리스트

아래 체크리스트는 모두 10개의 문항으로 구성되어 있다.
자신에게 맞는 문항에 체크해 보자.

-

- [ ] 스스로 목표를 정하고 공부한다.

- [ ] 리더십이 있어 학교에서 임원을 자주 맡는다.

- [ ] 딱히 사이가 좋지 않은 친구가 없을 만큼 반 친구들과 두루 사이가 좋다.

- [ ] 다른 사람이 부탁하면 거절하지 않고 도와준다.

- [ ] 공부 외 분야에도 관심이 많아 다양한 활동을 열심히 한다.

- [ ] 스스로 계획을 세우고 시간 관리를 잘한다.

- [ ] 진로 목표가 뚜렷하며 잘 바뀌지 않는다.

- [ ] 학교 선생님이나 주변 어른들로부터 신뢰를 받는다.

- [ ] 무엇을 하든 완벽히 하려고 노력한다.

- [ ] 주변 사람들의 기대가 부담스럽지만, 기대하는 모습을 보여 주고 싶다.

▲

✔ 8개 이상 : **Type1**이 확실해요.

5~7개 : **Type1**이 의심됩니다.

5개 미만 : **Type1**이 아니군요.

완벽한 엄친아

―

천재 오진원

친구들은 진원이를 '천재'라 불렀다. 고등학교 입학 이래 2년간 단한 번도 전교 1등을 놓친 적이 없는 경이로운 기록 때문이 아니었다. 전교 1등이야 도처에 흔한 존재들 아닌가.

수많은 '보통 전교 1등'과 '천재 오진원'을 갈라놓는 결정적인 차이점은 바로 진원이가 그 성적을 거의 놀면서 달성하고 있다는 사실이었다.

실제로 진원이가 학교에서 공부하는 모습을 본 친구들은 많지 않았다. 친구들이 방과 후 야자실이나 학원으로 발걸음을 재촉할 때에도 진원이는 약속이 있다면서 버스를 타고 시내로 유유히 사라지기일쑤였다. 점심시간마다 진원이는 주로 친구들과 농구를 하고 있었고, 쉬는 시간에는 지난 밤 TV에서 본 예능 프로그램에 대한 이야기로 떠들썩했다. 여자 친구가 없었던 적도 없었다. 진원이는 시험 전, 주말에 여자 친구와 함께 본 영화 이야기를 친구들에게 들려주기를즐겼다. 전교 2등 민석이가 쉬는 시간도 아껴 가며 책에 코를 묻고 지내는 것과 확연히 다른 모습이었다. 친구들은 진원이를 진정한 '천재'

라고 부르기를 주저하지 않았다.

이런 진원이는 매니저와 잡담하기를 즐겼다. 그런데 정작 진원이가 흥겹게 수다를 떠는 데는 다른 이유가 있었다.

"매니저님, 요즘에 어떤 영화가 재미있나요? 「비긴 어게인」 어땠어요? 그 영화의 포인트는 뭐였어요?"

"이번 주에 「런닝맨」 보셨어요? 게스트는 누구였어요?"

"매니저님이 제일 즐겨 보는 드라마는 뭐예요? 아, 그 드라마에서 복수는 시작됐어요?"

진원이는 마치 중학교 여학생처럼 발랄하고 천진하게 질문을 쏟아 부었다. 이 모습을 본다면 누가 진원이를 명문 고등학교의 전교 1등이라고 생각할 수 있을지 의심스러울 정도였다.

매니저는 잘 알고 있었다. 오늘 매니저와 나눈 이 이야기들은 다음 날 진원이의 경험이 되어 친구들 사이에 또 다른 신화를 만들어 낼 것이다. 드라마 매니아이자 예능 프로그램의 유행어를 구사하며, 여자 친구와 영화를 챙겨 보는 전교 1등 천재 오진원으로 말이다.

매니저가 알고 있는 진원이

매니저가 알고 있는 진원이는 학교 친구들이 알고 있는 그 전설의 오진원이 아니었다.

진원이는 저녁 6시가 되면 정확하게 학습실에 나타난다. 그리고 그때부터 집에 가기 전까지 쉬지 않고 공부에 매진한다. 매일의 계획은 언제나 조금 버거울 정도로 빠듯하고, 다른 학생들이 얼추 3일은 걸려야 해낼 수 있는 공부를 매일 달성한다.

매니저와 점검을 마치고 집에 돌아가면 진원이는 또 다른 공부 계획이 있다. 그렇게 매일 새벽 2시 정도가 되어야 하루의 공부가 마감된다. 예정된 학습 계획을 어기는 적도 없고, 예외도 없고, 핑계도 없다. 공부와 관련해서라면 진원이는 누구와도 협상하지 않았다.

진원이는 공부를 마치고 집에 돌아가기 전, 매니저와 나누는 점검의 시간을 좋아했다. 자기 공부의 완성도를 확인하는 다양한 방법들을 알고 있었고, 그 요령들을 매니저와 나누며 스스로를 시험에 들게 하기를 즐겼다. 대개의 경우 진원이는 매니저의 어떤 질문에도 완벽하게 대답했다. 흠잡을 데가 없었다.

간혹 옥에 티처럼 허점이 발견될 때가 있었는데, 그럴 때마다 진원이는 그 사실을 의미심장하게 받아들였다. 몇 달 전에 실수했던 내용들을 주기적으로 여러 차례 확인하는 행동은 심각한 결벽증 환자와도 비슷했다. 진원이는 완벽하지 않으면 견디지 못하는 강박증이 있었다.

진원이를 만난 이후 매니저 역시 학습의 완성도를 점검하는 방법에서 급진적 진화를 이루었다. 매니저는 진원이로 인하여 진심으로 완벽하고 깊이 있게 공부한다는 것이 무엇인지 그 끝을 경험한 듯했다.

같은 학습실에서 공부하지만 진원이와 같은 학교에 다니지 않는 학생들은 이렇게 쥐 죽은 듯 공부만 하는 진원이에 대해서 별로 아는 것이 없었다. 진원이가 자기 학교에서 천재로 통한다는 것도, 운동과

연애 이야기로 늘 시끌벅적한 하루를 보낸다는 사실도 말이다. 학습실 구석 자리에 고요히 앉아 있는 진원이의 뒷모습에서 그 반전의 모습을 유추하기란 어려웠다.

진원이가 꿈꾸는 자신의 모습은 그런 것이었다.

쿨한 천재.

집착 없이 최고의 성적을 유지하는 영웅.

공부보다 연애와 유희에 몰입해 있지만 언제나 지속되는 전교 1등.

진원이는 철옹성처럼 무너지지 않는 전교 1등의 영예보다, 별다른 노력 없이도 전교 1등을 만들어 내는 신화를 더 보존하고 싶어했다.

하루는 이런 일도 있었다. 어느 비 오는 금요일, 세 시간 동안 꼼짝 않고 학습실에 붙박이된 진원이를 찾은 매니저는 진원이의 얼굴을 보고 깜짝 놀랐다. 진원이는 한눈에 보아도 벌겋게 상기되어 있었다. 이마를 짚어 보니 불덩이처럼 뜨거웠다. 하지만 정작 진원이는 자기 몸에 열이 있는 줄도 모른 채 공부에 몰입해 있었다.

"진원아, 이대로 계속 공부하다가는 큰일 나. 당장 병원에 가자."

"괜찮아요. 조금 더 공부하고요."

매니저와 진원이의 실랑이는 매니저의 연락을 받고 달려온 진원이의 어머니 덕에 끝이 났다. 어머니의 눈에는 자식에 대한 진한 안쓰러움과 깊은 신뢰가 서려 있었다. 그날 이후 진원이는 닷새 동안 나타나지 않았다. 급성 폐렴으로 입원했기 때문이었다.

현실의 진원이는 이렇게 성적과 공부에 대해서 무서울 정도의 집념을 갖고 있었다. 전교 1등의 영예는 성적에 대한 집착 없이 이룩되는 것이 아니었다.

어려운 언어영역 비문학

진원이가 유일하게 까다로워하는 과목은 언어영역 비문학이었다. 맥없이 틀리는 문제가 종종 발생했다. 지난 모의고사에서는 비문학 지문에서 실수를 하는 바람에 민석이에게 1등 자리를 내줄 뻔한 위기를 맞기도 했다. 그러자 진원이는 매니저에게 선언했다.

"매니저님, 앞으로 두 달 동안 토요일마다 비문학 문제집을 하룻밤에 한 권씩 풀겠어요."

하루에 문제집 한 권을 다 풀려면 꼬박 밤을 새야 한다. 여간한 속도로는 밤을 새도 다 풀어내기 어려운 것이 양이었다. 그런데 진원이는 두 달간 빠짐없이 그 일을 실천했다. 방법상의 옳고 그름을 떠나 그 오기와 집념이 무서울 지경이었다.

결국 6주 뒤 진원이는 자신에 차 말했다.

"매니저님, 설명하기는 어렵지만 비문학 지문들의 미묘한 감각들을 찾았어요."

이후 진원이는 거의 만점이 나오지 않는 언어영역 모의고사에서 연달아 세 번이나 만점을 받았다.

경부선 작전

많은 수험생들에게 슬럼프가 밀려드는 여름 방학, 진원이는 매니저와 방학 계획을 짜며 새로운 방법을 제안했다. 이른바 '경부선 작전'.

"경부선 작전이라고? 진원아, 그게 뭐니?"

"왜 서울에서 부산까지 기차를 타면 네 시간 정도 걸리잖아요. 그것처럼 한 번에 네 시간 동안 꼼짝 않고 공부하는 거예요. 화장실도 가지 않고, 물도 마시지 않고, 한자리에 엉덩이를 붙이고 네 시간을 연달아 공부하는 거죠."

"이름만 들어도 거창한데!"

진원이는 스스로가 이름 붙인 '경부선 작전'이라는 이름도 썩 마음에 들어했다.

"서울에서 부산까지 가는 이 긴 시간 동안, 저는 기절한 듯 공부에 몰입하는 놀이를 해 보고 싶어요. 그러니까 이 경부선 작전도 공부 계획에 반영해 주세요."

진원이는 토요일은 경부선을 한 번 타고, 일요일은 오전과 오후로 나눠 경부선을 두 번 타는 식으로 공부에 매달렸다. 화장실도 들락거리며 조금은 편안하게 공부하는 시간들에 비해 경부선 작전에 임하는 진원이의 표정은 한층 더 비장했다. 흡사 아무것도 생각하지 않고 철로 하나만 바라보며 달리는 폭주 기관차 같았다.

다른 학생들이 네 시간을 연달아 공부하면 지루함과 권태로 오히려 능률이 떨어지는 것과 반대로, 진원이는 그 네 시간 동안 평소 여섯 시간 정도를 공부한 성과를 보여 주었다. 과연 무서운 오진원이었다.

진원이의 생일 선물

진원이의 꿈은 분명했다. 서울대 법대에 진학하는 것이다. 다분히 집안의 영향이 컸다. 할아버지, 부모님, 삼촌, 고모 할 것 없이 모두 법조인이었다. 어릴 때부터 보고 들은 것도 법 이야기들이었다. 진원이 역시 그 길을 가야겠다는 생각을 잊은 적이 없었다.

법조인을 꿈꾸는 진원이는 매니저와 입시와 진로에 대해 이야기 나누기를 즐겼다. 수시에서 정시 지원까지 필요한 각종 전략을 꼼꼼히 세워 세밀하게 분석하는 것을 좋아했다. 진원이는 그 시간을 통해 자신의 목표를 환기하고 중심을 다잡는 것 같았다. 육체적으로 지친 기색이 역력하다가도 입시 상담을 마치고 나면 몰라보게 생기가 감돌곤 했다.

한편으로 매니저는 그런 진원이가 안쓰러웠다. 다른 사람의 눈에는 타고난 천재처럼 비칠지 몰라도 진원이는 고작해야 열여덟 살 먹은 십대 청소년일 뿐이지 않은가. 쿨한 사람으로 보이고 싶다는 허영심이 가득하고, 언젠가 1등 자리를 뺏길지도 모른다는 불안감에 몸서리치는 어리고 미숙한 소년이었다.

그런가 하면 매니저는 진원이에게 또 설명할 수 없는 존경심마저 느꼈다. 자신에게 주어진 공부라는 과업에 엄숙할 정도로 모든 것을 쏟아붓는 모습은 다른 어떤 예술보다 아름다웠다. 그 모습을 보고 있노라면 '나는 인생에서 이렇게 노력해 본 적이 있었나' 하는 자기 반성에 빠지기도 했다.

진원이는 이렇게 인생의 희로애락을 경험하며 아름답게 성장하고 있었다. 진원이의 내면에는 전혀 다른 여러 명의 모습이 존재하듯, 언젠가 삶의 다양함을 이해하는 진정한 법조인이 될 것이라는 확신이 들었다.

"매니저님, 제가 이 다음에 꿈을 이루었을 때, 매니저님 생각이 많이 날 것 같아요. 생각해 보면 경부선 열차는 아주 숨 막히고 외로운 기차였어요. 그런데 힘들 때마다 뒤를 돌아보면 항상 웃는 얼굴로 매니저님이 저를 지켜보고 있어서 든든했어요. 매니저님, 생일 축하드려요."

매니저의 생일 날, 진원이가 건네준 카드에는 다정하고 따뜻한 마음이 담겨 있었다. 이 멋진 친구에게 도움이 되었다는 사실에 매니저도 가슴이 벅차올랐다. 이 가슴 뭉클한 뿌듯함이 바로 진원이가 매니저에게 선사한 생일 선물이었다.

▶▶ 타입 프로파일 ◀◀

대표 입말	"아직 부족해요. 더 노력해야 해요."
공부 행동	스스로 목표를 정하고 계획을 세워 실천하는 학생이다. 학습하는 과정에서 부족한 부분을 찾을 수 없을 정도로 완벽히 수행하며 성적은 항상 최상위권을 유지한다.
성격	책임감이 강하고 리더십이 뛰어나다. 주변에 친구들이 많고 친구들이 의지하며 도움을 요청할 정도로 관계도 좋다.
스트레스 원인	많은 부분에서 잘하는 모습만 보여 주어 스트레스를 받지 않는 것처럼 보인다. 하지만 주변의 기대에 부응해야 한다는 것이 스트레스가 될 수 있다.

구체적인 로드맵이 필요하다

1. 페이스메이커를 찾아라

42.195km를 완주해야 하는 마라톤 경기에는 '페이스메이커'가 있다. 페이스메이커는 선수와 함께 모든 코스를 뛰며 선수를 돕기도 하고, 선수의 경쟁자가 자기 페이스를 놓치도록 유도하기도 한다. 영광의 우승은 선수의 노력으로 만든 것이지만, 우승 뒤에는 훈련부터 본경기까지, 선수와 함께 한 페이스메이커가 있는 것이다.

공부를 하는 데도 이런 페이스메이커가 있다면 도움이 된다. 스스로를 돌아보고 점검할 수 있다는 것만으로도 지금 가고 있는 이 길을 제대로 인식할 수 있기 때문이다.

엄친아 타입의 학생은 사회적으로 유명한 사람이 아니더라도, 또 누구나 인정하는 사람이 아니더라도 어떤 한 영역에서 닮고 싶은 사람을 멘토로 삼아 보자. 목표를 효과적으로 달성할 수 있다.

2. 진로 목표에 도달할 수 있는 구체적인 로드맵을 작성하라

청소년 시절, 어느 순간이 되면 대부분의 학생들은 '나는 커서 무엇을 하면 좋을까?'라는 고민을 하게 된다. 지금 특별히 하고 싶은 것이 없거나, 잘하는 것이 무엇인지 모를 때, 이런 고민은 공부에 방해가 된다. 이는 미래에 어떤 일을 하고 싶은지를 정한 경우에도 마찬가지 이다.

진로 목표가 명확하지 않다면, 혹은 하고 싶은 일이 너무 많다면, 깊이 숙고하는 시간을 가지는 것이 고민을 미뤄 두는 것보다 낫다. 또 진로 목표가 명확하다면 목표에 도달하는 과정을 구체적으로 그려 보는 것도 좋다. '커리어 넷(www.career.go.kr)' 등의 진로 진학 전문 사이트를 활용해 진로 목표와 과정을 구체적으로 그려 보자.

3. 부족한 점을 정확히 아는 것이 필요하다

엄친아 타입의 학생은 스스로 학습 목표를 세우고 그에 맞는 계획에 따라 공부한다. 아래의 방법에 따라 현재 학습 상태를 정확히 점검하고 공부의 질을 높이자.

1) 학습이 마무리 된 후, 학습 결과를 점검한다.
2) 다음 학습을 시작하기 전, 이전 학습 내용을 얼마나 이해하고 있는지 진단한다.

롤 모델이 되어 줄 멘토를 찾아라

'행동하는 것도, 생각하는 것도 어른스러운 아이', '부모를 실망시킨 적도 없고 타인을 포용하는 마음이 넓은 아이', '공부하라는 말을 먼저 하지 않아도 스스로 알아서 아이'. 엄친아 타입의 학생은 이렇게 어른스러워 보이지만, 아직 신체도 정신도 독립된 어른이 아니다. 주변 사람들이 칭찬하면 기분이 좋기도 하지만 부담을 느끼기도 한다. 혼자만의 고민도 있지만 '너는 알아서 잘할거야'라는 주변의 기대에 제대로 표현하지 못하고 속으로만 앓고 있는 경우도 많다.

부모님과 많은 생각을 공유하고 있지만 부모님과 나누지 못할 고민은 분명 있다. 지금 학생이 그런 고민을 하고 있다면 마치 망망대해에서 홀로 태풍과 싸우고 있다고 느낄지도 모른다. 이런 때는 속내를 나눌 수 있는 형, 누나와 같은 조력자가 있다면 큰 도움이 된다. 조력자는 학습적으로 부족한 부분이 있어도 괜찮다.

지금 학생에게 필요한 사람은 자신의 공부를 도와줄 학습 전문가보다 가볍게 고민을 나눌 누군가이기 때문이다. 조력자와 함께하여 정서적으로도 안정된다면, 엄친아 타입의 학생은 자신이 그려 놓은 길을 누구보다도 안정적으로 걸어갈 수 있다.

멘토 찾기

◉ 각 영역별로 배우거나 의지할 수 있는 멘토를 찾아 보자.

1단계 영역별 성장 포인트 알기

성장하고 싶은 영역을 정하고 내용을 구체적으로 적어 보자.

예) 부지런함

주말 아침이면 늘 늦잠을 자는 바람에 눈을 뜨면 이미 오전이 다 지나가 있다. 이번 겨울 방학에는 부족한 과목을 보충하기 위해서 주말 오전 계획표를 작성해 실천해야겠다.

영역별 멘토 찾기

성장하고 싶은 영역별로 나를 도와줄 멘토를 정하고 멘토의 배울 점을 적어 보자.

예) 할아버지	할아버지는 30년째 주말마다 등산을 가시는데 거의 빠뜨리신 적이 없다. 그래서 연세가 높으신데도 건강하고 활기차게 생활하신다. 할아버지의 근면함을 배우고 싶다.

중요한 것과
그렇지 않은 것을 구분하라

모범생

모든 페이지를
완벽히 외우고야
말거야!

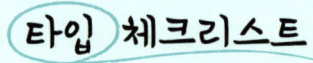

타입 체크리스트

아래 체크리스트는 모두 10개의 문항으로 구성되어 있다.
자신에게 맞는 문항에 체크해 보자.

—

- ☐ 주변 사람들로부터 인정받고 싶은 욕구가 강하다.

- ☐ 수행 평가 점수가 좋은 편이다.

- ☐ 다음 시험에 목표로 정한 시험 점수가 있다.

- ☐ 어려서부터 모범생이라는 소리를 듣고 자랐다.

- ☐ 많은 시간을 공부에 투자하지만 시험은 늘 불안하다.

- ☐ 책에 있는 모든 내용이 시험에 나올 것 같은 공포에 휩싸일 때가 종종 있다.

- ☐ 지금 잘하고 있는 것인지 누가 계속 확인해 주면 좋겠다.

- ☐ 모의고사 성적보다 내신 성적이 훨씬 좋다.

- ☐ 오랜 시간 동안 공부하는 것은 자신 있다.

- ☐ 내가 라이벌이라고 생각하는 대상이 학교에 늘 존재한다.

☑ 8개 이상 : **Type2**가 확실해요.
　　5~7개 : **Type2**가 의심됩니다.
　　5개 미만 : **Type2**가 아니군요.

"이거 확인해 주세요"

라이벌 지선이

매니저와 처음 만난 날, 희영이는 학교 성적표를 내밀었다.

　중간고사 학급 1등.

희영이가 고등학교에 들어와 처음으로 치른 학교 시험에서 받은 성적이었다.

"희영이가 공부를 잘하네."

요즘 여고생에게서 거의 보기 힘든 단발머리를 쓸어 올리며 희영이는 우울하게 대답했다.

"중학교 때는 전교 5등을 벗어난 적이 없었는데……."

뒷장에는 3월과 6월 모의고사 성적표가 함께 있었다.

　언, 수, 외 모두 3등급.

의외의 성적이었다. 희영이의 우울함은 바로 모의고사 때문이었다.

중학교 시절, 한 번도 반에서 1등을 놓친 적이 없었던 희영이는 초등학교 때부터 성적에 유난히 관심이 많았다. 시험이 끝나면 자신이 몇 문제를 틀렸는지는 물론이려니와 같은 반 라이벌들의 점수까지 무슨 수를 써서라도 알아내곤 했다. 점수에 대한 관심으로 등수를 매긴다면 희영이는 반에서가 아니라 전교 1등을 하고도 남았다. 점수가 깎일 만한 행동은 해 본 적도 없는 희영이를 줄곧 따라다닌 별명은 '모범생'이었다.

그런 희영이가 지선이의 존재를 의식하게 된 것은 고등학교에 들어와 첫 모의고사를 치른 후였다. 지선이와는 중3 때도 같은 반이었지만 희영이는 그동안 한 번도 지선이를 눈여겨본 적이 없었다. 희영이가 지선이에 대해 가지고 있는 기억이란 지선이가 자습 시간에 정신이 빠진 채 소설책을 읽고 있던 모습이 전부였다.

중학교 3년 내내 클래식 기타 학원을 다니며 유유자적한 나날을 보낸 지선이가 애초 희영이의 관심 밖인 것은 당연한 일이었다. 그런데 지선이가 언, 수, 외에서 1, 1, 2등급으로 반에서 2등을 차지했던 것이다.

첫 모의고사에 상심한 희영이는 더욱 독을 품고 다음 시험에 몰입했다. 다음 시험은 고등학교에 들어와 처음으로 치르는 중간고사.

희영이는 반에서 1등을 했고, 지선이는 5등을 했다. 모의고사로 무너진 자존심이 단박에 회복되는 순간이었다. 희영이는 '그래, 3월 모의고사는 뭔가 잘못된 것이 분명해!'라고 가슴을 쓸어내리면서도 마음 한구석이 찜찜했다. 안도와 불안이 뒤섞인 마음으로 희영이는 6월 모의고사를 치렀다.

희영이는 이번에도 주요 과목에서 모두 3등급을 받았다. 그런데 지선이는 지난 시험보다 점수가 더 올라 반에서 1등을 기록했다. 희영이는 혼란에 빠졌다. 분노와 억울함이 가슴에 차올랐다. '이번 시험을 위해 지선이보다 더 독하게 공부했다고. 이럴 수는 없어!'

지난 모의고사의 기억이 생생한 희영이는 다시 맛보는 좌절을 감당하기 어려웠다. 그래서 결국 매니저를 찾았고, 결과가 상반된 두 장의 성적표를 내밀게 된 것이었다.

희영이는 매니저가 두 장의 성적표를 비교하면서 자신처럼 놀라고, 의아해하고, 마침내는 자신의 억울함에 동의해 주기를 기대했다. 그런데 성적표를 꼼꼼히 들여다본 매니저는 무언가 알 것 같다는 표정으로 연신 고개를 끄덕이고 있었다.

완벽한 희영이에게 없는 몇 가지

희영이는 고등학생이 되자마자 전락한 수많은 중학교 모범생들의 전형이었다. 유년기부터 고등학교 입학 전까지 늘 상위권을 유지하며 주변의 기대를 한 몸에 받고 자랐지만, 중학생 시절을 마지막으로 그 영화도 끝이 나는 경우다.

초등 6년, 중등 3년을 합해 총 10년에 가까운 세월 동안 그 모범생들을 천재로 만들어 준 능력은 다름 아닌 가공할 '스캐닝 역량'이었다. 그들은 무서운 암기력으로 모든 과목을 정복했다. 희영이의 유능함 역시 적은 범위의 내용을 완벽에 가깝게 암기해 내는 데서 비롯되었다.

하지만 고등학생이 되자 상황이 바뀌었다. 범위가 광범위하고 단원을 넘나드는 문제가 뒤섞인 모의고사는 희영이가 이제까지 만나 본 적이 없는 새로운 난관이었다.

'범위가 없는 시험을 어떻게 준비하란 말인가?'

'단원끼리, 심지어 과목끼리 뒤섞인 이 괴물 같은 문제들을 어떻게 감당하란 말이야?'

희영이는 막막했다. 이런 희영이의 문제점을 파악한 매니저는 희영이에게 말을 건넸다.

"희영아, 네가 부족한 점이 두 가지가 있어. 첫째는 지식을 누적할 수 있는 역량이고, 둘째는 통합적 사고력이야. 이 두 가지를 키우는 것이 무엇보다도 중요해."

"네? 무슨 말인지 모르겠어요."

희영이는 그간 숱한 학원을 다녔지만 한 번도 이런 지적을 받아 본 적이 없었다. 그래서 매니저의 말을 받아들이기 어려웠다.

"매니저님, 지금까지 모든 선생님들이 저를 칭찬해 주셨어요. 학원 진도에 따라 치르는 테스트에서도 늘 만점에 가까운 점수를 받아 왔고요."

희영이는 철벽처럼 튼튼하게 유지되던 모범생이라는 명성에 금이 가게 될 줄은 상상도 하지 못했다.

매니저와의 오랜 상담 끝에 희영이는 일단 자신의 문제를 받아들이기로 했다. 그리고 여름 방학 동안 '모의고사 정복'을 목표로 선언했다. 희영이는 공부를 '열심히' 할 수 있는 인내심이 크다는 아주 큰 장점을 가지고 있었다. 여기에 공부를 '제대로' 할 수 있도록 훈련한다면 완벽해질 수 있었다. 희영이는 이를 악물고 본격적으로 공부를 시작했다.

희영이는 역시 '무차별적 집착증'이라고 생각될 만큼 새로운 지식에 대한 습득력은 좋았다. 하지만 지식에 대한 통합적 사고력은 부족했다. 그날의 공부가 끝나고 테스트를 받는 시간, 희영이는 어떤 것을 물어보아도 완벽하게 대답했다. 모든 선생님들이 반하고도 남을 실력이었다.

그러나 여름 방학이 시작된 지 3주가 지나자 희영이의 공부법에 조금씩 문제가 보이기 시작했다.

"정말 잘했어. 오늘도 완벽하게 공부했네? 그럼 매니저가 이제부터 조금 다른 질문들을 해 볼게. 희영아, 이 단원의 핵심적인 메시지가 뭐지?"

"네? 그게 무슨 뜻이에요? 질문이 무슨 뜻인지 모르겠어요."

"다르게 물어볼게. 이 단원을 쓴 사람은 무슨 말을 하고 싶은 걸까?"

"매니저님도 참, 그 사람 생각까지 제가 어떻게 알아요? 대신 거기쓰여 있는 내용은 다 알아요."

"지문에 기록된 내용은 희영이가 너무나 완벽하게 이해하고 외웠지. 인정! 그런데 지문에 적히지 않은, 글 쓴 사람의 궁극적인 생각이나 의도가 무엇인지 파악할 수 있어야 해."

"제가 점쟁이도 아닌데요?"

희영이의 또 다른 문제점인, 지식을 누적할 수 있는 역량이 부족한 점도 발견되었다.

"희영아, 오늘 공부한 내용도 꼼꼼하게 잘 이해했구나. 그럼 몇 가지만 질문할게. 이건 3주 전에 희영이가 공부했던 내용이야."

"네? 3주 전이요? 갑자기 그건 왜 물어보세요?"

"아직도 잘 이해하고 있는지 점검하려고 물어보는 거지."

"그건……. 3일 전도 아니고 3주 전에 공부한 것을 무슨 수로 아직까지 기억해요? 제가 천재도 아닌데……. 분명히 완벽하지 않을 거예요. 어디를 물어보실 건지 알려 주시면, 내일까지 공부해 와서 다시 대답할게요."

"하지만 희영아, 수능에는 3년치, 심지어 중학교 때 배웠던 내용도 나올 텐데 어떻게 준비할래?"

힘겨운 새출발

희영이는 자기 공부법에 대한 자부심이 컸던 학생이기에, 매니저의 말 한마디로 해묵은 공부 습관을 버리기는 어려웠다. 더 큰 문제는 그 잘못된 공부법으로 오랜 세월 쌓아 올린 성공의 경험이 너무 깊게 각인되어 있다는 점이었다.

반성과 반발을 넘나들며 희영이는 전쟁같이 힘겨운 여름 방학을 보냈다. 하지만 힘들 때마다 8월에 있을 모의고사를 떠올리며 마음을 다잡았다.

드디어 8월, 모의고사가 끝나고 희영이는 떨리는 마음으로 성적표를 받았다. 결과는 2, 3, 2등급. 성적표를 앞에 두고, 매니저는 희망을 보았고, 희영이는 또 다시 좌절을 맛보았다.

희영이는 울음을 터뜨리며 성적표를 집어 던졌다.

"거봐요, 그런 방법으로 될 일이 아니었어요. 그렇게 공부했으면 모든 과목이 1등급이 나와야 마땅하죠. 학교 시험은 이 정성의 절반만으로도 1등이 유지되었는데, 이게 뭐예요!"

왜 모의고사 성적은 노력과 정비례하여 수직으로 상승하지 않는 것인지! 희영이는 폭풍같이 분노하면서 매니저를 원망했다.

"희영아, 매니저는 그렇게 생각하지 않아. 이렇게 빨리 두 과목에서 등급을 올리다니 역시 희영이다! 여름 방학 동안 하루하루가 많이 힘들었겠지만 멀리서 보면 고작 2개월 지났을 뿐이야. 2개월 반짝 노력해서 모두가 1등급을 받는다면 세상에 공부 못할 사람은 없겠지. 오늘은 매니저가 너의 성적을 축하하는 의미에서 선물을 하나 줄게. 자, 손 내밀어 봐."

"뭔데요?"

희영이는 눈물을 훔치며 한 손을 내밀었다.

"여기 받아. 내 마음의 선물이야."

"뭐예요. 아무 것도 없잖아요."

"손바닥 위에 놓인 망원경이 안 보여? 매니저가 너에게 주고 싶은 것은 망원경이야. 가슴에 간직했으면 해."

"망원경이요? 뜬금없이 무슨……."

"이제까지 매니저가 희영이를 지켜본 결과, 너에게 가장 필요한 것은 바로 먼 곳을 바라보는 눈이야. 너의 마음속에는 망원경이 없어. 현미경만으로 가득하지. 사소한 것들도 커다랗게 보는 현미경. 희영이 너는 공부도, 생활도 모두 현미경을 통해 바라보지."

희영이는 매니저의 말을 의아해하며 듣고 있었다.

"희영아, 너는 이 다음에 어떤 일을 하고 싶니? 대학에 가서는 어떤 공부를 하고 싶니? 당장의 성적이 아니라 이런 생각을 해 본 적 있니?"

"아뇨. 하지만 이번 시험에서는 몇 점을 받고 싶다, 몇 등을 하고 싶다, 몇 등급까지 올리고 싶다는 생각은 많이 해요."

"매니저는 희영이를 지켜보면서 희영이에게는 이런 전공이 잘 맞겠다, 이런 일을 하면 유능한 사람이 되겠다고 맨날 상상하는데."

"정말요? 난 그런 생각 해 본 적 없는데……."

"희영아, 지금부터는 망원경처럼 좀 더 넓은 안목을 가지고 공부하자."

"그러다 작은 내용을 빼먹으면 어떡해요? 하나라도 빠뜨리면 학교 시험에서 1등을 놓치게 되요."

희영이도 스스로가 현미경의 눈으로 공부한다는 것을 알고 있었다.

"맞아. 허술하게 공부하면 안 되지. 그런데 오로지 꼼꼼하기만 해서는 부족해. 거기에 깊은 생각과 고민이 더 필요해."

"말이 쉽지 그걸 어떻게 하라는 거예요?"

"이렇게 해 보자. 첫째, 매일 한 시간씩 매니저와 함께 '핵심 찾기' 훈련을 하자. 조금 많은 공부량을 줄 테니까 한 시간 안에 그 공부를 다 해 오는 거야. 그런데 예전처럼 모조리 외워 오는 것이 아니라, 단원별로 핵심 원리나 흐름을 꿰뚫어 오는 거지. 그리고 내가 알아들을 수 있게 요점만 설명해 주는 거야. 어때, 할 수 있을까?"

희영이는 자신이 없다며 고개를 저었다. 하지만 매니저는 자신감에 차서 말했다.

"둘째는 매주 토요일마다 지금까지 공부한 내용에 대한 누적 체크를 받는 거야. 범위는 없어. 중학교와 고등학교 내용을 모두 포함하는 거지."

"헐, 너무 가혹한 거 아니에요?"

"어제 100점 맞은 내용을 한 달 뒤에 다시 물어보면 너는 몇 점이나 맞을 것 같니?"

"글쎄요. 한 30점?"

"생각만 해도 억울하지? 완벽하게 공부하려고 얼마나 노력한 건데. 그러니 매니저의 말대로 새로운 공부 방법을 시도하는 것이 필요해. 변화는 늘 힘들지만, 힘들었던 만큼 보람도 클 테니 매니저를 믿고 한 번 해 보자."

"아 ……. 부담된다."

"그 대신 희영이가 시험이 끝나는 토요일, 매니저와 함께 희영이가 점찍어 놓은 대학교를 같이 탐방해 보자."

"정말요? 나, 대학교 캠퍼스 한 번도 안 가 봤는데."

"가 보면 기분이 확 달라질 거야. 엄청나게 욕심이 생길 걸? 대학교 탐방이 끝나면 매니저랑 구체적으로 진로에 대한 상담도 해 보고."

"너무 기대돼요. 매니저님 말대로 해 볼게요."

11월 모의고사

2학기에 들어서도 희영이는 내신 시험에서는 여전히 1등을 유지했다. 역시 치밀한 희영이었다. 그리고 문제의 11월 모의고사.

성적은 1, 2, 2등급.

모범생 희영이는 언어영역에서 최초로 1등급을 받게 되어 기쁘면서도 여전히 지선이를 비롯한 친구들의 성적표를 기웃거리고 있었다. 하지만 여름 방학 전의 희영이가 아니었다.

불을 지피면 금세 뜨거워지는 양은 냄비처럼 공부의 과정도 즉각적이라면 희영이의 공부 혁신도 쉬웠을 것이다. 하지만 공부란 그리 간단한 것이 아니었다. 희영이는 노력을 통해 근본적인 것은 눈에 보이지 않고, 눈에 보이지 않는 것을 바꾼다는 것은 소리가 깊은 옹기를 가열하듯 완만하고 더디다는 것을 알게 되었다. 또, 한번 뜨거워진 공부 저력은 여간해서는 쉽사리 무너지지 않는다는 것을 힘겨운 노력을 통해 알 수 있었다.

풀 죽은 희영이와는 달리 매니저는 기뻤다. 희영이는 분명 성장하

고 있었다. 성장을 위해 매 순간 고군분투하고 있는 희영이의 모습이
아름다웠다.

　어느 토요일, 매니저와 팔짱을 끼고 대학교 탐방을 마친 희영이의
얼굴에는 미소가 번졌다. 다가오는 겨울 방학, 희영이는 또다시 성장
을 위한 도약을 시도할 것이다.

▶▶ 타입 프로파일 ◀◀

대표 입말	"이거 확인해 주세요."
공부 행동	공부해야 하는 모든 페이지를 완벽하게 공부하는 스타일이다. 그래서 한정된 학습 시간을 효율적으로 활용하지는 못한다. 장기적 안목에서가 아니라 지금 당장 해야 하는 공부에 집중하느라 전체 학습 맥락을 파악하기 어려워한다.
성격	주변 사람, 특히 부모님에게 인정받고 싶은 욕구가 있어 모든 일에 최선을 다해 노력한다. 모든 것을 완벽하게 하길 원해 사소한 것에 집착하기도 한다.
스트레스 원인	첫째, 부모님의 기대에 부응하기 위해 열심히 노력하지만 아쉽게 목표에 도달하지 못하는 것. 둘째, 목표에 도달하기 위해 필요한 2%가 무엇인지 파악할 수 없는 것. 이 두 가지가 주된 스트레스 원인이다. 게다가 이를 어떻게 극복할 수 있을지 스스로 알기 어렵다는 것이 스트레스를 가중시킨다.

마인드맵으로 맥락을 파악하라

1.전체와 부분의 맥락을 파악하라

모범생 타입의 학생은 성실히, 완벽하게 공부하는 것이 최대 강점이다. 하지만 전체를 보지 못하는 것은 성장을 가로막는 장벽이다. 기간별 학습 내용을 테스트하는 중학생 시기에는 이런 성향이 긍정적인 역할을 하지만, 통합적 사고를 요구하는 수능형 문제를 접하게 되는 고등학생 시기에는 장애물이 된다.

모범생 타입의 이런 학습 성향은 전체 속에서 부분을 보는 훈련을 통해 극복할 수 있다. 전체와 부분의 맥락을 파악하고 개별 개념의 관계를 파악하는 방법으로 '마인드 맵'을 추천한다. 대단원의 학습을 마무리한 후, 진짜 핵심이 무엇인지를 파악하여 마인드 맵으로 정리하면 대단원을 관통하는 맥락을 파악할 수 있다.

2. 학습 결과를 분석하고 전략을 수정하라

모든 분야에서 지금보다 나아지기 위해서는 스스로에 대한 객관적인 반성을 토대로 부족한 점을 극복할 수 있는 방법을 찾아야 한다.

공부도 마찬가지이다.

하지만 모범생 타입의 학생은 바람직한 방법이 아닌 것을 알면서도 현재 성과가 좋으면 변화를 두려워한다. 그래서 이들에게는 더 나은 방식을 찾아서 훈련하는 연습이 필요하다.

학습 결과를 분석한다는 것은 공부 후 상태뿐만이 아니라 공부하는 과정도 함께 돌아봐야 함을 기억하고 실천해 보자.

3. 장기 학습 플랜을 세워라

계획을 세우고 성실히 수행하는 것은 모범생 타입의 장점 중 하나이다. 하지만 자신의 현재 학습 상태를 거시적인 관점에서 파악하는 것을 어려워한다. 이런 부분을 보완해 줄 수 있는 것이 '장기 학습 플랜'이다.

장기 학습 플랜을 작성하면 앞으로의 학습 방향과 목적을 알 수 있고, 그 방향에서 지금 내가 제대로 학습하고 있는지를 반성할 수 있다. 아래의 방법을 참고하여 장기 학습 플랜을 세워 보자.

1) 6개월~1년 후에 도달하고 싶은 학습 목표를 정한다.

2) 목표에 도달하기 위해 필요한 학습 영역을 정한다.

3) 나의 학습 수준을 고려하여 영역별로 적합한 교재를 고른다.

4) 학사 일정을 고려하여 학습할 수 있는 시기를 파악한다.

5) 학습 가능 시기를 고려하여 기간별 학습 영역과 학습량을 정한다.

나무가 아니라 숲을 보게 하라

—

모범생 타입의 학생은 벽돌과 철골에 대한 이해는 완벽하나, 정작 집의 설계도는 읽을 줄 모르는 건축가에 비유할 수 있다. 엄청난 노력에 비해 최고의 성적이 나오지 않는데, 그것은 학생에게 절대적인 한 가지가 부족하기 때문이다. 단원의 원리와 흐름을 꿰뚫는 안목과 통찰력이 그것이다.

꾸준히 선행 학습을 받아 온 덕에 모르는 것이 없는 것 같은데 결과가 완벽하지 않으니, 정체를 모르는 적과 마주한 듯 불안감은 점점 커져 간다. 조바심이 과해지면 공부의 흐름이 무너지고, 장기적 슬럼프에 빠지기도 한다.

학생에게 필요한 것은 객관적으로 학생의 노력과 성과를 짚어 주며 정서적 안정을 도와줄 수 있는 멘토이다. 모범생 타입은 성적에 대하여 지독한 조바심을 느끼는 반면, 정작 자신의 진로나 미래에 대하여 별다른 비전이 없는 경우가 많다. 이때 멘토가 방향을 제시해 주면 도움이 된다.

또 공부를 하느라 다양한 경험이 부족할 수 있다. 독서, 여행, 봉사 활동, 문화 활동 등 여러 가지 외부 경험을 한다면 자신의 미래에 대해 진지하게 고민하는 기회가 될 수 있을 것이다. 책상머리에 가고 싶은 대학의 사진을 붙여 놓는 것도 효과적인 방법이다.

모범생 타입의 학생은 '노력이 가장 위대한 방법론'이라는 생의 철칙을 고스란히 재현해 낼 수 있다. 이 학생들에게 잠재되어 있는 무서운 저력을 이용하면 더 멀리, 더 높이 성장할 수 있다.

마인드 맵 활용하기

◉ 학습 내용의 맥락을 파악하기 위한 활동으로 '마인드맵'이 있다.
아래 예시와 작성 방법을 참고하여 학습의 마무리 과정에 마인드맵을
활용해 보자.

작성 예시

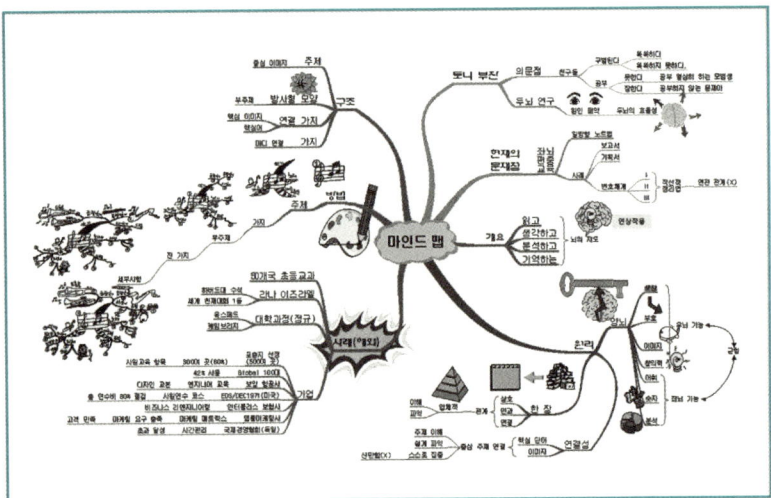

작성방법

❶ 대단원 학습이 마무리된 후, 마인드맵으로 정리한다.

❷ 대단원의 주제를 중앙 블럭에 적는다.

❸ 중단원의 개수만큼 가지를 그리고 가지의 주제를 옆에 적는다.

❹ 중단원에 속한 소단원을 떠올리며 가지를 늘리고 각 가지에서 공부한 내용이
무엇인지 핵심 단어를 적는다.

❺ 가지를 완성한 후, 빠뜨린 것이 있는지 확인하고 다른 색으로 보완한다.

TYPE
3

진짜 내 것이라고
착각하지 마라

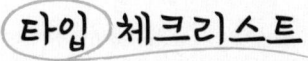 **체크리스트**

아래 체크리스트는 모두 10개의 문항으로 구성되어 있다.
자신에게 맞는 문항에 체크해 보자.

- [ ] 학원에 다니지 않으면 불안하다.

- [ ] 학교에서 배운 내용은 학원에서 배우는 것보다 중요하지 않다고 생각한다.

- [ ] 공부한 내용을 머릿속에 넣는 방법까지 자세히 일러 주는 선생님이 좋다.

- [ ] 다른 친구들이 많이 다니는 학원은 나도 다니고 싶다.

- [ ] 공부를 잘하는 친구는 당연히 학원에 다닐 것이라고 생각한다.

- [ ] 누구의 도움 없이 혼자 공부해서 어려운 내용을 깨우친 경험이 없다.

- [ ] 어려서부터 늘 선행 학습을 많이 했던 편이다.

- [ ] 숙제하는 시간 외에 스스로 공부하는 시간이 없다.

- [ ] 부모님의 기대가 높아 부담되지만, 열심히 하면 기대에 부응할 수 있다고 생각한다.

- [ ] 선행 학습으로 이미 배운 내용이지만, 학교 수업 시간에 들으면 새롭다.

▲

☑ **8개 이상 : Type3이 확실해요.**
　5~7개 : Type3이 의심됩니다.
　5개 미만 : Type3이 아니군요.

"그거 다 학원에서 배운 건데요"

첫 번째 만남

외고 지망생이었던 유미가 매니저를 처음 찾은 것은 중학교 1학년 겨울 방학 때였다. 매니저는 얼굴에 온통 '나 공부 잘해요'라고 쓰여 있는 유미가 벌써부터 기대되었다. 유미의 어머니는 아주 간단한 미션만을 매니저에게 남기고 돌아섰다.

"방학이 되니 학원이 더 늘었어요. 매니저님은 스케줄대로 챙겨서 유미를 학원에 보내 주시고, 혹시 변동이 생기면 일정이 겹치지 않게 조정해 주세요. 학원 숙제도 빼먹지 않게 챙겨 주시면 되고요. 나머지는 신경 쓰실 일 없을 거예요. 공부는 학원에서 다 알아서 해 주니까요."

과연 유미는 바빴다. 어머니가 남기고 간 유미의 시간표는 일주일 내내 학원 수업으로 가득 차 있었다. 고1 수학 학원, 토플 학원, 수능 영문법 학원, 언어 영역 기초반 학원 등 대부분 고등학교 선행 과정이었다.

중학교 1학년짜리가 감당하기 벅차 보였지만 그것은 매니저의 생각이었고 유미는 의외로 아무렇지 않게 잘 따라오고 있었다. 성격이

빠릿빠릿했기 때문이기도 했지만, 유미 스스로가 이 정도의 선행은 필요하다고 생각하고 있었기에 별다른 푸념도 한탄도 없었다. 심지어 어떤 수업은 유미가 자청해서 추가된 것도 있었다. 어머니뿐 아니라 유미도 외고 진학을 위해 이 정도는 기본이라고 생각했다. 인기 연예인보다 더 바쁜 학원 일정을 소화하느라, 책상에 앉아 차분히 공부할 시간은 부족했지만, 유미는 지치지 않았다.

이런 유미는 초등학교 시절 내내 반장을 도맡아 했다. 공부를 곧잘한 것도 사실이었지만, 함께 입후보한 다른 친구들 중에는 유미보다 더 공부를 잘 했던 아이도 있었기에 그것이 인기의 유일한 비결은 아니었다. 많은 친구들이 유미에게 끌리듯 표를 던진 이유는 유미에게 무엇인가 알 수 없는 성숙함이 느껴졌기 때문이었다.

유미는 교실 뒤에서 친구들과 뒹굴며 잘 놀다가도, 불현듯 자기 책상으로 돌아가 공부를 시작했다. 4학년 때는 중학교 1학년 수학책을, 5학년 때는 중학교 2학년 수학책을, 6학년 때는 마침내 예비 고1 수학책을 꺼내는 유미 앞에서 같은 반 친구들은 범접할 수 없는 아우라를 느꼈다. 유미는 그런 자신이 자랑스러웠고 그 아우라를 발판 삼아 매번 압도적인 표 차이로 반장의 지위를 거머쥐곤 했다.

하지만 중학생이 된 뒤, 지난 1년간 유미의 성적은 반에서 4~5등 정도에 머물러 있었다. 나쁜 성적은 아니었지만 유미의 노력과 영민함에 비해서는 모자란 결과였다. 매니저가 성적에 대하여 아쉬움을 표시하자 유미는 단박에 반발했다.

"1년 내내 중학교 1학년 과정만 공부하면 1등 따위를 누가 못 해요? 그까짓 것 너무 우스워요. 그렇게 공부해서 외고나 서울대를 어떻게 가요? 저는 학교 성적은 신경 안 써요. 어차피 진짜 실력은 따로 있는걸요, 뭐."

겨울 방학이 끝나자 유미는 매니저를 떠났다. 짧은 기간이었지만 유미가 공부하는 모습에서 허점을 본 매니저는 미련이 남았다.

"학원에 다니느라 바빠서 유미가 진득하게 앉아서 공부하는 모습을 본 적이 없구나!"

해 줄 말이 많았지만 유미는 매니저에게 기회를 주지 않았다.

두 번째 만남

유미를 다시 만난 것은 1년 뒤 겨울이었다. 마치 겨울 철새처럼 방학이 시작되자마자 유미가 돌아왔다. 중학교 2학년이 되고 그 사이 키가 훌쩍 큰 유미는 예전의 모습과 달랐다. 야무지고 도도하던 표정은 사라지고, 얼굴에는 알 수 없는 초조함이 서려 있었다. 성적이 더 떨어진 것이었다.

2학년 동안 유미는 반에서 7~8등 사이를 오갔다. 학교 성적은 가짜라고 소리쳤지만 그런 외침도 성적이 어느 정도 나와야 위신이 유지되는 것이었다. 성적이 떨어질수록 유미는 더욱더 맹렬하게 학원에 집착했고 여전히 다녀야 하는 학원이 많았다.

"유미야, 오랜만이네. 다시 매니저와 공부하기로 마음을 고쳐먹은 거니?"

유미는 우물쭈물하면서 대답했다.

"자꾸 성적이 떨어져서 속상해요. 이유도 모르겠고……. 사실 학교에서 시험을 칠 때는 어려운 것이 하나도 없거든요. 그런데 왜 성적이 안 나오는지 모르겠어요. 고민을 하다가 이상하게 매니저님이 떠올랐어요."

"그래, 어떤 점 때문에 매니저가 생각난 거니?"

"학원에서 들었던 수업은 1주일을 넘기면 기억이 가물가물한데, 매니저님이랑 작년에 공부했던 것들은 선명하게 생각이 나요. 학기 중에는 어차피 시간이 없어서 힘들겠지만, 겨울 방학에는 학원 수업이 없을 때, 중간중간에 매니저님과 공부하려고요."

지난 겨울 방학에 매니저가 유미에게 수없이 강조했던 공부 방법은 크게 세 가지였다.

첫 번째는 '연습장 쓰기'.

고등학교 수1을 풀고 있지만 학교 시험에서 정작 80점대 초반의 점수를 맴도는 유미에게 매니저는 정교한 풀이를 연습하도록 강조했다. 성실하고 이해력이 좋은 유미였지만 실수가 잦고 고난이도 서술형 문제를 힘들어하기 때문이었다. 실수는 문제를 얕잡아 보고 덤벙거려서 생겨났고, 고난이도 문제는 학원에서 다루지 않았던 것이라 무방비로 틀렸다.

그런데 연습장에 풀이 과정을 적으면, 실수 없이 찬찬히 푸는 것과 원리를 생각하며 고민하는 것 두 가지가 모두 훈련되었다.

두 번째는 '후행 학습'.

유미는 세상에 태어나 선행 학습은 많이 들어봤지만 후행 학습은 처음 들어보았다. 후행 학습이란, 지나간 단원의 심화 서술형 문제를 묶어 연습하는 것이었다. 하지만 유미는 얼마 지나지 않아 후행 학습을 그만두었다. 자존심이 상해서였다.

세 번째는 '독서 포트폴리오'.

생각보다 어휘력이 낮은 유미를 위해 매니저는 책을 읽고 간략한 내용을 정리하도록 했다. 하지만 유미는 책을 붙잡고 있으면 진도가 나가는 기분도 들지 않고, 언제까지 이 한가한 노릇을 계속해야 하는지 불안해했다. 매니저의 추천으로 몇 권의 책을 읽었지만 이 역시 신학기 학원 스케줄에 밀려 흐지부지되기 일쑤였다.

그나마 겨울 방학 동안 반짝 집중했던 이 모든 노력도 매니저와 헤어지면서 단박에 중단되었다.

그 후로 1년이 지났고 유미는 이제 다시 돌아와 매니저에게 성적이 안 나오는 이유를 도통 모르겠다고 호소하고 있었다. 모든 실패는 유미의 착각에서 비롯된 것이었는데 말이다. 매니저는 다시 돌아온 유미를 위해 유미의 학습 태도와 상태를 전면적으로 검토했다.

내신 성적이 더 떨어졌다는 것은 기초 학습법이나 기본 실력에 빈 구멍이 많다는 의미였다. 수1 기초 문제는 풀 수 있지만, 중2 심화 응용 문제는 무기력한 상태니 그야말로 문제였다.

게다가 워낙 숙제가 많았던 탓에 문제를 찬찬히 풀기보다 빠르게 푸는 것이 이미 습관으로 굳어져 있었다. 또 학원에서 배운 것은 풀 수 있지만, 학원에서 들은 적이 없는 문제를 접하는 순간 유미의 머리는 새하얘졌다. 이것이 유미의 현실이었다.

공부 방법의 허점을 찾아내는 것도 시급했지만, 가장 중요한 것은 역시 스스로 공부하는 시간을 확보하는 일이었다. 그러나 여전히 유미에게는 시간이 없었다. 유미는 학원 수업으로 바빴다. 지금 자신이 보고 있는 교재가 진짜 제 실력이라 믿었고, 지금처럼만 열심히 한다면 외고를 거쳐 서울대에 진학하는 것은 문제가 없다고 생각했다.

유미는 불안한 마음으로 매니저를 찾았지만, 학원을 줄이면 더 불안해했다. 혼자 공부할 시간이 모자라니, 공부법에 대한 점검도, 기반 학습도, 독서도 다 남의 나라 이야기였다. 결국 유미는 겨울 방학이 끝나자 다시 학원으로 돌아갔다.

세 번째 만남

1년 뒤, 다시 유미가 돌아왔다. 외고 진학에 실패한 직후였다. 망연자실한 유미는 시든 백합처럼 지친 표정이었다.

여섯 살에 유미가 영어 유치원에 들어가면서부터 엄마가 버릇처럼 해 오던 이야기가 있었다.

"이다음에 우리 유미는 외고를 거쳐 서울대를 가라."

유미는 그 이야기를 주문처럼 듣고 자랐다. 2년 동안 다닌 영어 유치원을 졸업하고, 초등학교를 지나 중학교에 입학한 후에도 유미는 자기의 진로에 대해 한 번도 고민한 적이 없었다.

초등학교 시절, 장래 희망을 적는 칸에는 조금의 망설임도 없이 또

박또박 '서울대'라는 세 글자를 적어 넣었다. 장래 희망을 묻는 질문에 고작 가고 싶은 대학을 적는 것이 적절한지에 대해서도 고민해 본 적이 없었다.

노란 벽돌길을 따라가기만 하면 저절로 오즈의 나라에 도착하는 도로시처럼, 유미는 엄마가 깔아 놓은 학원 스케줄에 따라 열심히 학원을 다니면 될 뿐이었다.

그 길 한 모퉁이에 외고가 있고, 그 모퉁이를 지나 저 언덕 무지개 뿌리 즈음에 서울대라는 찬란한 미래가 있을 뿐이었다. 그런 유미가 지금 외고 진학에 실패한 것이었다.

생애 첫 실패로 좌절에 빠진 유미와는 달리 매니저는 오히려 이번 실패가 반가웠다. 만약 유미가 이대로 학원을 다니다가 소망하는 바대로 외고에 합격했다면, 앞으로 유미가 원하는 대학에 진학하고 새로운 꿈을 가지기에는 더욱 어려웠을 것이다.

유미는 10년간의 시행착오 끝에 생애 첫 실패를 맛 보았고, 매니저는 더 늦기 전에 유미가 돌아와 다행이라며 가슴을 쓸어내렸다.

"유미야, 이제 학원을 정리하고 스스로 공부하는 시간을 늘려 보자."

대대적으로 학원을 정리하자는 매니저의 제안에 어머니도 유미도 크게 반발하지 않았다. 더 이상 유미에게 에너지가 남아 있지 않았기 때문이었다.

학원을 정리하자 생활에 훨씬 여유가 생겼다. 하루에도 몇 번씩 책가방을 싸서 이리저리 이동하던 번잡스러움도 사라졌다. 유미는 조금씩 기운을 되찾기 시작했다.

하지만 다시 활기를 되찾은 유미가 가장 먼저 떠올린 것은 역시 학원이었다. 금단 현상이 생각보다 심했다. 통상 방학 때면 6~7개씩 다니던 학원이 전부 사라지자 유미는 초조해하기 시작했다. 이제 매니저와의 새로운 전쟁이 시작되었다.

"매니저님, 학원 수업에서 시험 문제가 다 나오면 어떡하죠?"

"유미야, 문제는 시험 범위에서 나오는 거야."

"수업을 듣지 않으면 제가 이해하기 어렵지 않을까요?"

"넌 이미 넘칠 정도로 수업을 다 들었잖니. 네가 듣지 않은 수업은 없어."

"매니저님은 공부 시간이 부족하다고 하시지만 학원 수업도 공부잖아요."

"수업 시간은 수업일 뿐, 공부는 꼭 따로 해야 해. 집중해서, 열심히, 반드시 너 혼자!"

"학원 숙제가 없으니 뭘 해야 할지 막막해요."

"그래서 계획표가 있잖아. 학원 선생님 마음대로 짠 수업 스케줄보다 너에게 딱 맞춘 너만의 학습 계획표가 더 중요해."

"하지만 저는 학원 수업 없이 좋은 성적을 받아 본 적이 없어요."

"오히려 학원 수업 때문에 좋은 성적을 받지 못했을지도 몰라. 내가 아는 유미는 성적표가 말해 주는 것보다 더 똑똑한 사람이거든."

이렇게 매니저와 유미는 긴 싸움을 이어 나갔고 어느덧 유미는 조금씩 학원을 벗어나 스스로 공부하는 시간을 늘려 나갔다.

한 번도, 두 번도 아니고 세 번이나 유미는 매니저를 찾았다. 세 번째 만남에서 매니저와 유미는 희망을 꿈꾸기 시작했다.

▶▶ 타입 프로파일 ◀◀

대표 입말	"그거 다 학원에서 배운 건데요."
공부 행동	어린 시절부터 학원을 많이 다녔고, 실질적으로 그 효과를 경험한 학생이다. 부모님 역시 사교육이 필요하다고 생각하고 있기에, 학원 의존도가 높다. 학원에서의 진도나 레벨을 나의 학습 수준이라고 여긴다. 실질적인 자신의 실력에 대한 객관적 분석이 필요하다.
성격	말귀를 잘 알아듣고 실천력이 좋은 편이며 민첩하고 활달하다. 주변에 친구도 많은 편이고 부모님과의 관계도 좋다. 이처럼 일상적인 면은 모범적이지만, 공부에 대해서만은 부모님이나 학원에 의존하는 성향이 높다.
스트레스 원인	저학년 시절에 상위권을 유지했던 성적이 고학년이 올라가면서 하락할 가능성이 높다. 스스로에 대한 자부심이 컸던 만큼 성적 하락에 대하여 충격과 스트레스를 많이 느낀다. 자신의 내면에 대하여 성찰할 기회가 적었기에, 스스로 난관을 헤쳐 나가는 독립심이 부족하다.

사교육의 필요성을 따져 봐라

1. 스스로 학습 시간을 확보하라

대개 학원은 현재 자기 학년에 맞는 학습을 탄탄히 하는 것이 아니라, 학교에서 배울 진도를 미리 빼는 형식으로 수업을 진행한다. 하지만 학원의 선행 학습을 완벽하게 따라가는 학생은 그리 많지 않다.

학습한 내용을 탄탄하게 이해하기 위해서는 학원 수업의 몇 배에 해당하는 복습과 다지기 학습이 필요한데, 학원에 많은 시간을 투자한 학생들은 스스로 복습할 시간이 없기 때문이다. 여유 시간을 확보해 '스스로 학습 시간'을 가지는 것이 중요하다.

스스로 학습 시간이란, 학교나 학원에서 배운 내용을 내 것으로 소화시키는 시간이다. 이미 알고 있는 지식을 활용해 새로 배운 내용의 의미를 따지고 문제에 적용하는 시간이다. 이때, 보통 새로 배운 내용을 내 것으로 받아들이는 데는 몰랐던 사실을 배우는 데 드는 시간의 두 배가 필요하다.

오늘 배운 내용을 내 것으로 만들기 위해 매일 최소 2시간을 스스로 학습 시간으로 확보하자.

2. 사교육이 정말 도움이 되는지 따져 보자

학교 수업 외에 학원, 과외 등의 사교육을 받는 것도 학습을 보완하는 한 방법이다. 하지만 모든 학생에게 학원과 과외가 효과적이지는 않다.

'사교육 착시 효과'라는 말이 있습니다. 착시 효과란, 시각에 관해서 생기는 착각을 말하는 것으로 사물의 크기, 형태, 빛깔 등의 객관적인 성질과 눈으로 본 성질 사이에 차이가 생기는 것을 말한다. 즉 객관적인 사실과 사람이 받아들인 정보가 일치하지 않는 것이다.

사교육 착시 효과란 '사교육을 많이 받은 학생이 성적이 좋을 것'이라는 생각을 말한다. KDI(한국개발연구원)의 연구에 따르면 주당 사교육 시간이 1시간 늘어나면 수능 백분위가 1.5퍼센트 높아진다. 그런데 혼자서 1시간 더 공부하면 수능 백분위는 4.6퍼센트까지 상승한다고 한다. 지금 여러분은 사교육 착시 효과로 필요 없는 사교육에 의존하고 있지는 않는가?

3 코칭 스토리

자기주도학습을 시도하라

학원 키즈 타입의 학생은 지속적으로 과도한 학원을 다녔기에 공부의 개념을 '학원에서 수업을 듣는 것'으로 착각한다. 이 학생의 가장 큰 문제는 자기 공부 시간이 부족하다는 것이다. 고학년이 되면 그것은 치명적 문제로 작용한다.

학생의 인식보다 더 중요한 것은 부모의 각성이다. 저학년 때부터 시작된 학생의 학원 의존증은 사실 학생의 의지로 시작된 것이라기보다, 부모가 학원을 맹신하는 데서 비롯된 것이다.

학생은 성장하면서 인지적 역량뿐 아니라 인내심과 사고력을 포함한 전 영역에서 스스로 공부할 수 있는 자력을 계발한다. 눈에 보이지 않는 부분이기에 과연 성장하고 있을지 의심될 수도 있지만, 분명 학생은 학년이 올라감에 따라 변모해 간다.

하지만 부모의 눈에는 여전히 어리숙해 보이기 때문에 손쉬운 학원 수업을 학생에게 안겨 주게 된다. 이때 자녀가 당장은 뭐라도 배우는 것처럼 느껴져 안도할 수 있지만, 궁극적인 학생의 성장은 주춤하게 된다.

해묵은 공부 습관을 바꾸는 것이 불안해서 습관적으로 학원을 수능 직전까지 다니는 경우가 많다. 그러나 배운 내용을 내 것으로 만들 시간과 정서적 여력을 확보하지 않는다면 만족스러운 결과를 얻기는 어렵다. 불안함이 덜한 과목부터 하나씩 자기주도 학습을 시도해 본다면 학습 역량이 있는 학생이기에 성공 가능성이 높다.

학원 의존도 파악하기

⊙ 아래 문항을 읽고 나의 학원 의존도와 사교육 현황을 파악해 보자.

학원 의존도 체크리스트

1점 별로 **2점** 약간 **3점** 아주 그렇다

문 장	점수기록
1 학원에 다니지 않으면, 다른 친구들에 비해 뒤처질 것 같다.	
2 친구들이 다니는 학원에 대해서 관심이 많이 간다.	
3 성적이 떨어지면 어떤 학원을 다녀야 하는지를 제일 먼저 생각한다.	
4 학원에 있으면 안심이 된다.	
5 학원의 진도만 잘 따라가면 분명 성적이 향상될 것이라 믿고 있다.	
6 좋은 과외나 학원일수록 비용이 비쌀 것이라 생각한다.	
7 부모님에게 학원에 가고 싶다고 먼저 말한 적이 있다.	
8 시험이 다가오면 주로 학원에서 보충수업을 받거나 자료를 받아 공부한다.	
9 학교 선생님보다 학원 선생님과 더 많은 이야기를 한다.	
10 혼자 공부하는 것은 불안하다.	
점수 합계	점

0 ~ 9점	10 ~ 18점	19 ~ 24점	25 ~ 30점
사교육에 대해 객관적으로 생각하고 접근하는 학생이다.	사교육 의존도는 건강한 상태이다. 그러나 성적에 따라 흔들릴 수 있다.	불안감과 정보 부족으로 사교육에 의존하고 있는 상태이다.	사교육에 심하게 의존하고 있으며, 사교육 때문에 힘들어 할 수도 있다.

나의 사교육 현황과 도움 지수

과목	학원 이름	학원 스케줄	도움 지수

"공부의 이유를 찾게 되었어요"

Type 3 학원 키즈 김지훈(고3)

전체 석차 372등 → 106등

저는 늘 엄마가 하라는 대로 학원에 다녔고 학원에서 시키는 대로 공부했습니다. '왜 이 많은 과목들을 이 학원 저 학원 다니면서 공부해야 하지'라는 불만을 품은 채, 목표와 열정도 없이 시간을 보냈습니다.

학원 선생님은 내가 오든지 안 오든지 신경을 쓰지 않아서, 엄마 몰래 학원을 빼먹은 적도 많았어요. 학원 선생님들은 항상 엄마에게 "네, 지훈이 잘하고 있어요. 지금은 성적이 낮지만 조금만 더 하면 발전 가능성이 큰 아이에요. 믿고 맡겨 주세요"라고 말했고, 엄마는 그 말에 안심하시고 또 다른 학원을 찾아보시곤 했죠.

그러는 동안 저는 조금씩 다른 곳에 눈을 돌렸습니다. 중학교 때부터 고등학교 1학년 때까지, 공부는 안 하고 틈만 나면 친구들과 몰려가서 PC방에 가는가 하면, 온갖 멋을 부리고, 여자 친구들도 많이 만났죠. 학교 수업 시간에는 주로 잠을 잤고, 수행 평가뿐만 아니라 시험도 전혀 신경 쓰지 않았습니다. 심지어 학교에 가기 싫은 날은 종종 아무 이유 없이 결석했습니다. 하루하루가 답답하고 그저 무기력했습니다.

이런 제가 학원이 아니라 '자기주도학습'을 처음 접했을 때, 모든 것이 낯설고 어리둥절했습니다. 지금까지 한 번도 제 스스로 공부를 해 본 적이 없었으니까요. 일단은 매니저가 시키는 대로 공부 스케줄을 짜고 따라갈 뿐이었죠. 그러던 제게 매니저는 제 힘으로 공부 계획을 작성해 보라고 제안했습니다.

그것이 처음으로 공부에 대해 진지하게 고민하는 계기가 되었습니다. 이상하게도 일단 스스로 계획을 짜고 나니 오기가 발동했습니다. 남이 만든 것이 아니라, 내가 만든 계획이니 어디 한번 완벽하게 지켜 보자는 의지가 생겼습니다. 정말 열심히 공부하고 또 열심히 공부했습니다.

그 결과 고등학교 1학년 때까지만 해도 꿈꿀 수 없었던 성적이 나오기 시작했습니다. 매일 한숨과 걱정이 많았던 부모님도 조금씩 칭찬과 격려의 말씀을 해 주셨습니다. 무엇보다도 공부에 대한 열정이 생겨났고, '왜 공부를 해야 하는지', '내 꿈이 무엇인지', 더 나아가 '앞으로 광고와 마케팅 분야로 진출하고 싶다'는 목표도 생겼습니다.

이제 저는 진짜 자기주도학습은 '내가 왜 공부해야 하는가'라는 질문에 대한 답을 찾아가는 과정이라는 사실을 깨닫고 스스로 공부하고 있습니다.

김지훈 학생이 말하는 TYPE3 학원 키즈 공부법

"효율적 학습 계획을 세워라!"

학원 스케줄에 맞춰 낭비했던 시간을 만회하기 위해서는 시간에 대한 생각을 대대적으로 수정해야 합니다. 그래서 매일 일기를 쓰듯 공부 다이어리를 작성해 보세요! 학원에 얽매어 챙기지 못했던 자기 공부 시간을 충분히 확보할 수 있습니다.

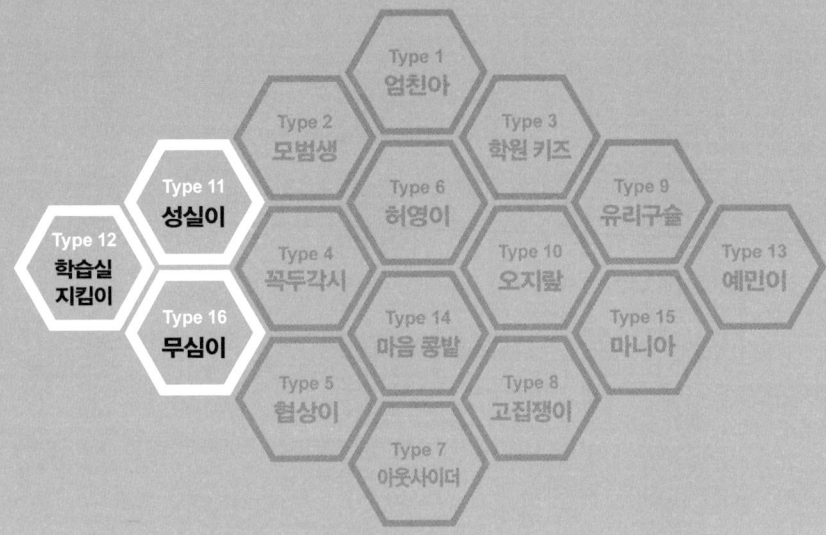

Type 1
엄친아

Type 2
모범생

Type 3
학원 키즈

Type 11
성실이

Type 6
허영이

Type 9
유리구슬

Type 12
학습실
지킴이

Type 4
꼭두각시

Type 10
오지랖

Type 13
예민이

Type 16
무심이

Type 14
마음 콩밭

Type 15
마니아

Type 5
협상이

Type 8
고집쟁이

Type 7
아웃사이더

최하위권

Part 2

기초 부재의 무기력

TYPE

11

많이 하는 것과
제대로 하는 것은 다르다

성실이

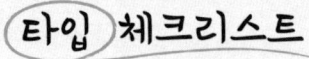

타입 체크리스트

아래 체크리스트는 모두 10개의 문항으로 구성되어 있다.
자신에게 맞는 문항에 체크해 보자.

—

- ☐ 공부 이야기만 나오면 주눅이 든다.

- ☐ 시험마다 최선을 다하지만, 만족스러운 결과를 얻은 적은 거의 없다.

- ☐ 다른 사람보다 뛰어나게 잘한다고 말 할 수 있는 과목이 없다.

- ☐ 내가 뭘 잘하는지, 잘할 수 있을지 모르겠다.

- ☐ 이미 다른 아이들보다 많이 뒤쳐졌기에, 열심히 공부해도 별 소용이 없을 것 같다.

- ☐ 시험지를 받을 때마다 가슴이 두근거릴 정도로 긴장한다.

- ☐ 부모님의 말에 여간해서는 말대꾸를 하지 않고 순종한다.

- ☐ 학생은 당연히 공부를 열심히 해야 한다고 생각한다.

- ☐ 아무리 공부를 많이 해도, 늘 시험에는 반드시 모르는 문제가 나온다.

- ☐ 무언가를 결정할 때, 내 의견보다 다른 사람의 의견을 따르는 편이다.

▲

☑ 8개 이상 : **Type11**이 확실해요.

　5~7개 : **Type11**이 의심됩니다.

　5개 미만 : **Type11**이 아니군요.

"죽도록 공부해도 안 돼요"

명진이 어머니

"매니저님, 이 친구가 꽤 괜찮은 애예요. 열심히 할 거예요. 그러니까 해야 할 분량을 다 마치면 가급적 이 친구의 의견을 존중해 주세요. 책을 읽고 싶다고 하면 책을 읽도록 해 주시고, 일찍 가고 싶다고 하면 쉬게 해 주세요. 아참, 성적표는 이사하면서 다 없어졌어요."

"네, 무슨 말씀인지 알겠습니다. 명진이와 얘기해 보겠습니다. 저도 명진이에게 기대가 큽니다."

커다란 아들을 '친구'라고 부르는 명진이의 어머니는 중3 아들을 둔 학부모라고 믿기 어려울 만큼 소녀처럼 가냘프고 아름다웠다. 화장기 없는 얼굴에 긴 생머리를 늘어뜨린 모습은 80년대 남학생들의 마음을 흔들었던 「보랏빛 향기」의 가수 강수지와 너무나도 비슷했다.

반면 명진이는 '산적'이나 '불곰'이라는 별명으로 불리면서 어느 반에서나 한 명씩은 있기 마련인 덩치 큰 남학생이었다. 어머니보다 머리통 하나는 더 있을 법하게 키가 큰 명진이는 어머니 말처럼 정말 듬직한 '남자 친구'처럼 보이기도 했다.

매니저는 이들 모자를 보면서 다음에 자신도 아들을 낳으면 저렇게 민주적이고 가슴 설레는 이름으로 불러 보겠노라고 생각했다. 그토록 모자의 첫 인상은 아름다웠다.

중간고사를 앞두고 명진이는 정말 미친 듯이 공부했다. 학교를 마치면 곧장 달려와 학습실의 문이 닫힐 때까지 공부했다. 괜히 책상에서 자리를 뜨는 법도 없었다. 태도도 발라서 그 나이 또래의 남학생들이 노상 입에 달고 사는 가벼운 욕설과 거친 표현도 명진이에게서는 듣기 어려웠다. 늘 깍듯하고 쉬는 시간도 무시한 채 진득하게 공부만 하는 명진이를 몇몇 아이들은 비아냥거렸다.

"명진이 쟤 뭐냐? 쉬지도 않고 공부하네."

반면에 매니저는 성실하게 공부하는 명진이를 보면서 뿌듯했다.

드디어 중간고사가 끝났다. 그래서 시험을 바로 앞두고 명진이를 만났기에 매니저는 아직 명진이의 실력을 정확하게 알고 있지 못했다. 명진이가 자기네 학교 전교권이라는 얘기를 들은 것 같다는 출처가 불분명한 소문도 번지고 있었다. 시험이 끝나자마자 나타난 명진이를 보고 매니저는 반가운 마음에 등을 툭 쳤다.

"명진아 시험 잘 봤니?"

"아야!"

갑자기 명진이가 자지러지는 소리를 내며 얼굴을 찡그렸다. 명진이의 온몸은 멍투성이었다.

"명진아, 넘어졌니? 아니면 누구한테 맞았니? 혹시 친구들이랑 싸웠어?"

"아뇨……. 그게 아니라……."

"매니저한테 털어놓아 봐."

"사실은 엄마한테 시험 때문에 맞았어요. 전 맞아도 싸요. 다 제 잘 못이에요."

명진이의 눈에서 굵은 눈물이 방울방울 떨어졌다. 예상하지 못했던 반응이었다. 잠시 후 안정을 되찾은 명진이는 매니저에게 그동안 하지 못했던 이야기를 털어놓았다.

"시험이 끝날 때마다 엄마는 늘 폭발하는데, 그날은 거의 반은 죽는 날이에요."

"엄마가 널 때리신다고?"

"네……."

명진이의 말에 따르면, 엄마는 흥분하면 주먹으로 자신의 온몸을 때리는데 작년에는 너무 흥분한 나머지 명진이를 때리다가 엄마의 주먹뼈에 금이 가기도 했다는 거였다. 매니저가 기억하는 어머니의 이미지로는 도저히 상상할 수 없는 광경이었다.

명진이 어머니의 진짜 모습

명진이의 어머니를 다시 만난 것은 성적표가 나온 날이었다. 명진이의 어머니는 성적표를 들고 매니저를 찾았다.

국영수 10~15점, 사회 85점, 전체 평균 32점.

명진이의 어머니는 처음 만났을 때의 그 청초한 모습이 아니었다. 피로와 분노가 층층이 내려앉은 40대 중반의 중3 학부모가 있을 뿐이었다.

어머니는 깊은 탄식을 뱉으며 하소연했다.

"매니저님, 저는 솔직히 이 친구가 우리 아들이라는 사실이 믿어지지 않아요."

아들을 '이 친구'라 부르는 말투에서 까마득한 거리감이 느껴졌다. 아들을 아들이라 부르고 싶지 않다는 강한 거부감도 묻어 나왔다.

"15점이 상식적으로 이해가 되세요? 그냥 1번으로만 쭉 찍어도 그보다는 잘 나올걸요? 매번 시험 때마다 속아요. '엄마 이번에는 정말 열심히 할게요. 한 번만 기회를 주세요'라고 하니까요. 그런데 점수는 또 10점, 15점이에요. 아들이라 포기할 수도 없고."

말문이 터진 명진이 어머니는 기다렸다는 듯 쏟아 냈다.

"매니저님, 이 친구 공부하는 거 보셨죠? 그렇게 공부하고 이 점수를 받았다는 얘기는 얘가 바보라는 것밖에 안 되잖아요. 그건 제가 바보를 낳았다는 뜻이고요. 드릴 말씀은 아니지만, 저희 부부도 둘 다 일류 대학을 나왔고, 시댁이나 친정에서도 모두 어지간한 대학은 다 나왔어요. 그런데 명진이 같은 아니가 나오다니……. 저는 부끄러워서 어디 가서 얘기도 못 해요."

한탄 섞인 목소리로 말을 잇던 명진이 어머니는 핸드백에서 손수건을 꺼내 눈물을 닦았다.

어머니의 탄식 앞에서 매니저는 아무 말도 할 수 없었다. 지금도 학습실에서 곰처럼 앉아 헉헉대며 공부하고 있을 명진이의 모습이 떠올랐다. 명진이가 안쓰러워 눈물이 나왔다.

그런데 특이한 것은 명진이가 이런 엄마를 아주 좋아한다는 사실이었다. 엄마가 학교에 다녀간 날이면 친구들은 꼭 명진이의 곁에 몰려들었다.

"누구야?"

"누구긴 누구야? 우리 엄마지."

"와! 정말 예쁘시다."

엄마가 담임 선생님과 상담을 하고 나면, 그날은 집에서 심각한 매타작이 벌어지곤 했다. 명진이는 그 사실을 알면서도 엄마가 학교에 찾아오는 것이 좋았다. 이렇게 예쁜 엄마가 내 엄마라는 사실이 자랑스러웠다. 늘 의기소침한 명진이에게 엄마의 존재는 자신을 빛내 주는 자부심이었다.

명진이 어머니와 상담을 끝낸 뒤, 매니저는 명진이의 손을 꼭 잡았다. 명진이에게 들려주고 싶은 말이 너무 많았다.

너에게 들려주고 싶은 말

영어 15점, 수학 10점. 사회 85점.

매니저는 이런 점수를 본 적이 없었다. 영어, 수학 점수만 놓고 보면 명진이는 기초와 사고력이 몹시 부족한 최하위권 학생이었다. 반면 사회 점수를 생각하면 명진이에 대한 평가는 달라졌다.

사회 시험지를 살펴보니, 꼬아 놓은 문제에 통합적 사고력을 요구하는 서술형 문제까지 이번 시험의 난이도는 꽤 높은 편이었다. 그런 사회 과목에서 명진이가 85점을 맞았다는 것은 명진이가 어머니의 생각대로 바보가 아니라는 의미였다.

매니저는 명진이가 공부한 것을 점검해 보았다. 살펴보니 문제가 어디서 비롯된 것인지를 금세 알 수 있었다. 간단했다. 사회 과목은 '제대로' 공부했고, 나머지 과목은 '막무가내로' 공부했던 것이다.

막무가내 공부는 이런 것이었다. 명진이는 하루 종일 쉬지 않고 공부한다. 하지만 공부한 내용은 아주 적었다.

"명진아, 오늘 공부한 내용이 모두 요만큼이니? 너무 진도가 느린데, 무슨 이유라도 있니? 집중이 잘 안 됐어?"

"아뇨. 집중은 아주 잘됐어요. 전 원래 하루에 이만큼씩 해요. 그 대신 완벽하게 했어요. 처음부터 끝까지 다 물어보셔도 돼요."

"여기서 알아야 할 내용은 고작 서너 개 정도야. 다 물어보고 할 것도 없어. 몇 개만 확인하면 돼. 핵심 서너 개만 알면 되거든. 그게 뭘까?"

명진이는 혼란에 빠졌다.

"서너 개요? 처음부터 다 말할 수 있는데 그냥 처음부터 다 외워 볼까요?"

매니저가 대답도 하기 전, 명진이는 그날 외운 책의 내용을 읊어 댔다. 명진이의 말처럼 빼먹은 것 없이 완벽했다.

명진이가 이렇게 공부하게 된 것은 공부할 때마다 엄마가 지켜보고 있는 것 같아서라고 했다. 가끔은 힘들어 다음 단락으로 넘어가고 싶어도 엄마가 소리를 지르고 화를 내는 모습이 떠올라, 다시 정신 차리고 싹 다 외우려고 한다는 것이었다. 도저히 외울 수 없는 과목은 그냥 포기해 버리는데, 그러고 나면 더 불안해져 외울 수 있는 과목에 다시 집착하게 되는 것이었다. 하지만 그렇게 힘겹게 외운 내용도 채 하루를 넘기지 못했다.

반면 제대로 공부한 과목은 달랐다. 명진이는 전체 흐름을 먼저 짚어 낸 후 중요한 세부 사항을 암기하는가 하면, 객관적 자료가 상징하는 이면의 의미도 이해하고 있었다. 진정 공부하는 방법을 아는 유능한 학습자였다.

"명진아, 이제부터 다른 과목도 사회처럼 제대로 공부해 보자. 이렇게 잘할 줄 아는 애가 왜 다른 과목은 그렇게 막무가내로 대들 듯이 공부하는 거야?"

"대들어요? 공부가 무슨 선생님이에요? 대들게."

"너 수학한테 막 대드는 것 같아. 그냥 들이대잖아. 아무렇게나 외우거나 포기해 버리고. 사회 공부하는 걸 보면 침착하고 공부하는 머리도 좋은 녀석이 다른 과목은 왜 그렇게 막 대하나?"

"그거야, 다른 과목은 너무 어려우니까요. 다 제 머리가 나빠서 그렇죠, 뭐. 죄송해요."

"니 머리가 어디가 나빠? 매니저가 보기에 넌 잘하는 방법을 알고 있어. 좋아하는 과목만 편애해서 그렇지. 난 너를 믿어."

매니저의 말에 명진이는 놀란 듯 매니저를 쳐다봤다.

"저를 믿는다고요? 이렇게 거지 같은 저를요?"

원장님의 방

매니저는 사회 과목처럼 다른 과목도 체계를 잡아 보기로 했다. 어린 시절부터 역사나 지리 책을 좋아했던 명진이는 다른 학생들보다 어휘력이 좋은 편이었다. 기본 이상의 어휘력을 지닌 학생이 국어에서 10점대 점수를 받는 것은 명진이 어머니의 말처럼 도무지 이해하기 어려웠다.

사회 과목처럼 다른 과목도 공부하는 순서와 방법을 가지런히 하자 명진이의 학습 진도가 조금씩 빨라졌다. 명진이는 10점, 15점을 맞아 올 만큼 도통 아무것도 이해하지 못하는 학생이 아니었다.

이렇게 지나치게 세세한 부분에 집착하는 것도 문제였지만 더욱 본질적인 문제가 남아 있었다. 바로 명진이의 마음 깊이 자리잡은 긴장감이었다.

집에서 크게 꾸중을 듣거나 매를 맞은 날, 명진이는 더욱 평정심을 잃었다. 그런 날은 애써 훈련한 공부법 따위도 소용없었다. 다시 전처럼 마구잡이로 덤벼들어 공부했고 중요한 핵심은 모두 놓쳤다. 평온한 날에 모의 테스트를 보면 좋은 점수를 받는 반면, 긴장한 날에 테스트를 보면 도로아미타불이었다. 이런 형국이라면 진짜 시험 날이 되었을 때, 갈고 닦은 실력만큼 좋은 결과가 나올 확률은 희박했다.

그동안 명진이가 왜 그렇게 어이없는 성적을 받아 왔는지를 알 것 같았다.

매니저는 명진이를 위해 새로운 방법을 생각해 냈다.

"명진아, 3일에 한 번씩 특별 테스트를 치르자. 공부한 내용에 대한 누적 테스트. 단 테스트 장소는 원장님의 방이야."

"네? 원장님 방이요? 싫어요. 원장님도 무섭고 혼자서 시험을 보면 더 떨린단 말이에요. 안 할 거예요."

매니저의 질긴 설득 끝에 명진이는 결국 원장님의 방에서 시험을 치르게 되었다. 물론 시험 감독은 원장님이었다. 원장님의 특별 대우를 받자 명진이는 몹시도 부담스러워했고 테스트를 망쳐 오기 일쑤였다. 하지만 테스트가 반복될수록 명진이는 긴장에 익숙해지면서 시험 점수가 평소 실력과 비슷해지기 시작했다. 이런 식으로만 유지된다면 다음 시험에서는 기대를 걸어 볼 만 했다. 매니저는 속으로 외쳤다.

'명진아, 평소에도 시험 보듯이 공부했으니, 학교 시험도 지금처럼만, 제발!'

우리 아들 명진이

시험이 끝났다. 평균 68점. 긴장감으로 망친 시험이 두 과목. 하지만 나머지는 크게 선전했다. 지난 시험보다 평균이 무려 35점이나 올랐으니 말이다. 최근 2년간 받았던 점수 중 최고의 성적이었다.

더 중요한 것은 명진이의 공부 방식이 드디어 변했다는 사실이었다. 지난 3년간 명진이는 지독할 정도로 그 책상, 그 자리에 머물러 긴장한 채로 그저 외우고만 있었다. 어느 학원을 보내 보아도 비슷했다.

학원 선생님들은 명진이가 열심히는 하는데 이상하게 점수가 안 나온다며 일찍이 명진이를 포기했을 뿐, 누구도 명진이가 느끼고 있는 불안과 긴장은 살펴보지 않았다.

성적표를 받아 본 명진이의 어머니가 매니저를 찾아왔다. 분노가 걷힌 어머니의 얼굴은 매니저와 처음 만났던 날처럼 아름다웠다.

"매니저님, 처음 명진이를 매니저님께 맡겼을 때 저한테는 희망이 없었어요. 내가 할 수 있는 어떤 방법을 시도해도 그 애가 좋아지지 않았으니까요. 그저 아들도 죽고, 저도 죽고 싶은 마음뿐이었죠. 그런데 이번에 저는 명진이에게서 희망을 보았어요. 여전히 바보 같은 점수이기는 하지만, 저는 명진이가 나아질지 모른다는 생각이 들어요."

"네, 어머니. 성실한 명진이에게는 지금 어머니의 믿음이 큰 도움이 됩니다."

명진이 어머니는 고개를 끄덕이며 말을 이었다.

"명진이가 나아질 수 있다는 생각이 든 후로 저도 치료를 시작해야겠다는 결심을 했어요. 열여섯 살 먹은 어린 아들이 새벽까지 코피를 쏟으며 공부를 하고 있는 모습도 정상이 아니고, 그 아들이 죽었으면 좋겠다고 생각하는 저도 정상은 아니에요. 부끄러운 말이지만 전문 상담을 받아 보기로 했어요. 저의 치료가 끝날 때까지 매니저님이 저

대신 우리 아들에게 힘이 되어 주세요. 부탁드려요."

처음으로 어머니는 명진이를 '이 친구'가 아니라 '우리 아들'이라고 불렀다. 어머니는 사랑과 헌신을 담아 명진이를 부르고 있었다.

부모님이 사랑하고 격려하기를 포기하지 않는 한 자식들은 필연적으로 변화하고 성장한다. 단지 빠르고 느린 차이가 있을 뿐이다. 그동안의 경험이 일러 준 그 분명한 진실을 알고 있기에 매니저 역시 희망으로 가슴이 벅차 올랐다.

▶▶ 타입 프로파일 ◀◀	
대표 입말	"제가 잘하고 있는 걸까요?"
공부 행동	평소에도 예습과 복습을 꾸준히 하는 학생이다. 다만 잘못된 방식으로 공부해 노력한 만큼 성과가 나오지 않아 공부에 대한 자신감이 낮다. 그리고 이는 자신을 믿지 못해 한 페이지를 3시간 동안 완벽하게 공부하려는 등 비효율적인 공부 습관에서 비롯된다.
성격	자기 표현을 거의 하지 않고, 조용히 공부만 한다. 또 특정 분야에 열정을 보이지 않는다. 대부분의 시간을 공부하거나 책을 읽으며 보내지만, 이는 공부 외에 무엇을 해야 하는지 잘 모르기 때문이다.
스트레스 원인	공부한 만큼 시험 성적이 나와야 한다면 상위권이 되어야 할 학생이다. 하지만 현실은 그렇지 못하기에 시험은 학생에게 가장 큰 스트레스 요인이다. 스트레스가 심한 경우, 노력해도 소용이 없다는 생각과 아무것도 하지 않으려는 무기력증에 빠질 수 있으니 주의해야 한다.

이미지 트레이닝을 시도하라

___

1. 공부하기 전, 전체 훑어보기가 중요하다

성실이 타입의 학생은 공부를 시작하면 '모든 내용을 스캔하겠어'라는 태도로 임한다. 그래서 맥락 없이 비효율적으로 공부한다.

이 타입 학생에게 필요한 것은 '전체 훑어보기'이다. 전체를 훑어보는 것은 대충 공부하라는 뜻이 아니라 오늘 공부할 개요를 확인하고 집중적으로 공부해야 하는 부분을 먼저 파악하라는 것이다. 전체를 훑어보는 방법에는 크게 두 가지가 있다.

> 1) 대단원 학습을 시작할 때, 목차를 살피며 전체 구성을 확인한다.
> 2) 단원 제목을 보고 내용을 유추하고, 눈으로 전체 내용을 빠르게 훑으며 구성을 확인한다.

2. 핵심을 파악하는 노트 정리법을 실천하자

'뭐가 중요한지 모르겠어요'는 성실이 타입의 학생이 자주 하는 말이다. 많은 시간을 열심히 공부했지만 무비판적으로 수용했기 때문에 정작 중요한 내용을 제대로 파악하지 못한다. 이를 극복하기 위해서는 노트 정리가 필요하다. 하지만 기존의 노트 정리법을 새롭게 바꾸는 것은 쉬운 일이 아니다. 그래서 평소의 노트 필기에 한 가지만 더해 자연스럽게 복습과 핵심을 파악할 수 있는 노트 정리법을 소개한다.

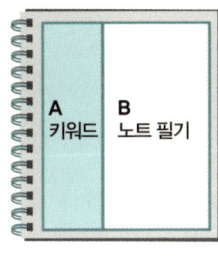

1) 노트의 구역을 A와 B로 나눈다.

2) B에는 평소처럼 노트 필기를 한다.

3) 필기 내용을 확인하며, 필기한
   내용의 키워드를 A에 기록한다.

3. 이미지 트레이닝으로 시험 스트레스를 관리하자

누구나 시험을 앞두면 불안감을 느낀다. 이 불안감이 과도해지면 부정적인 자기 최면으로 이어져 집중력도 떨어지고 좋은 결과를 얻기도 어렵다. 하지만 적절한 긴장감은 오히려 시험에 도움이 된다.

시험에 대한 부정적인 이미지는 평상시 시험에 대한 긍정적 자기 암시를 통해 극복할 수 있다. 시험에 대한 긍정적 자기 암시 내용은 다음과 같다.

1) 그동안 열심히 공부했다. 결과와 상관 없이 최선을 다할 것이다.

2) 나는 즐거운 마음으로 시험에 임할 것이다.

3) 내 마음은 담대하다. 나는 여유롭게 시험을 치른다.

핵심과 주변 내용을 파악하라

성실이 타입의 학생은 노력에 비하여 성과가 나오지 않는 유형이다. 이 타입의 학생은 공부를 잘하기 위해서 꼭 갖추어야 하는 기본 자질인 '핵심 내용과 주변 내용을 가려낼 줄 아는 눈'이 부족하다. 즉 '중요한 것'과 '덜 중요한 것'을 모두 다 '아주 중요한 것'처럼 여기며 무엇 하나 빠뜨리지 못하는 막막한 공부를 하고 있는 중이다. 마치 지도 없이 대양을 항해하는 것과 같은 공황 상태라고 할 수 있다.

모든 '시험'은 궁극적으로 학생이 그 단원의 핵심 원리를 관통하고 있는지를 검증하는 과정이다. 시험 범위 전부를 스캐닝하듯 완벽하게 머릿속에 담기도 불가능하려니와, 설령 그렇게 치밀하게 공부했다손 치더라도 그 정보 사이에 위계를 세울 수 없다면 결국 좋은 점수를 얻기는 어렵다.

성실이 타입의 학생은 이렇게 노력을 배반하는 결과가 반복될 때마다 자신이 쓸모 없는 사람이라는 생각에 사로잡힌다. 또 무능한 자신에 대한 불안감을 품기 시작한다.

하지만 이러한 학생들에게도 상대적으로 자신 있는 과목은 있다. 자신이 좋아하는 과목을 공부할 때, 성실이 타입의 학생은 자신 없는 과목을 공부할 때와는 전혀 다른 우수한 모습을 보인다.

이에 학생의 유능함을 발굴하여 적극적으로 부각시켜 줄 수 있는 누군가가 필요하다. 그리고 이때 열심히 '노력'하고 있다고 칭찬하는 것보다 구체적으로 '잘한' 부분을 칭찬하는 것이 더욱 효과적이다.

학습의 전체를 꿰뚫는 눈이 부족하기에 각 단원의 목차를 짚어 가는 훈련이 필요하며, 세부적인 것에 매몰되어 공부의 방향이 삼천포로 빠지는 습관은 학습 플래너를 꾸준히 쓰다 보면 개선될 수 있다.

또 행동이 느린 경우가 많으므로 다른 학생들보다 좀 더 시간적 여유를 두고 시험을 준비하는 것이 좋다. 더불어 이해력보다 암기력에 의존하는데, 이해의 영역을 넓히고 응용 문제를 집중적으로 훈련한다면 실력은 향상될 수 있다.

시험 불안도 파악하기

⊙ 시험 스트레스를 관리하는 것이 좋은 결과를 만드는 데 큰 영향을 미친다. 다음 내용을 읽고 나의 상황에 맞추어 나타내 보자.

시험 불안도 체크

문 장	O/X 체크
1 시험 공부를 하면서도 시험을 잘 볼 것이라는 확신이 들지 않는다.	
2 시험 날짜가 다가올수록 시험이 미뤄졌으면 하고 바란다.	
3 시험을 보면 평소에 알던 것도 생각나지 않는다.	
4 시험 공부를 아무리 해도 시험 볼 준비가 충분하다는 생각이 들지 않는다.	
5 시험 보는 동안 머리나 배가 아파 집중하기 어렵다.	
6 시험 볼 때 모르는 문제가 나오면 매우 당황한다.	
7 시험 볼 때 긴장이 심해서 제대로 문제를 풀기가 힘들다.	
8 시험 보는 동안 다리를 떨거나 손톱을 물어뜯는 등의 의미 없는 행동을 반복한다.	
9 시험 보는 동안 필요 이상으로 시간을 자주 확인한다.	
10 시험이 끝나고 나면 결과가 좋지 않을까 봐 불안하다.	

결과

O의 개수 0~3개	O의 개수 4~6개	O의 개수 7~10개
약간의 시험 불안은 오히려 시험 결과에 긍정적인 영향을 미치기도 한다. 시험에 대한 걱정을 공부하는 동기로 만들어 보자.	시험 불안이 성적에 부정적인 영향을 미칠 수 있다. 실전에서 긴장으로 인해 실력을 제대로 발휘하지 못 할 수 있다.	시험 불안이 높은 편이며 현재 수준을 계속 유지할 경우 좋지 않은 성적은 물론, 심리적으로도 매우 힘들 수 있다.

불안한 이유는
무엇일까?

<예시> 시험을 준비하는 시간이 늘 부족해
완벽히 공부하지 못하는 것 같다.

극복할 수
있는 액션 플랜을
작성해 보자.

1. 시험 준비 기간을 1주일 당기자.
2. 빠뜨리는 내용이 없도록, 주요 과목 학습을 위한 계획을
   꼼꼼히 작성하자.

공부량, 공부 시간, 공부 방법을 정하라

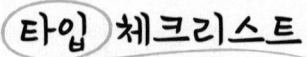 체크리스트

아래 체크리스트는 모두 10개의 문항으로 구성되어 있다.
자신에게 맞는 문항에 체크해 보자.

—

- ☐ 딱히 하고 싶은 것이 없어 멍하니 앉아 있을 때가 많다.

- ☐ 다른 사람이 지시하는 내용을 모두 의견 없이 받아들이는 편이다.

- ☐ 책상에 앉아 있는 시간은 많은데 공부를 하는 것은 아니다.

- ☐ 공부를 하려고 하지만 금세 졸음이 쏟아진다.

- ☐ 커서 무엇을 하고 싶은지 진지하게 생각해 본 적이 없다.

- ☐ 다른 사람보다 행동이 느린 편이다.

- ☐ 공부를 해도 성적이 오를 것 같지 않다.

- ☐ 같은 양을 공부해도 남들보다 시간이 오래 걸린다.

- ☐ 취미나 특기라고 할 만한 것이 없다.

- ☐ 기운이 없어 보인다는 말을 자주 듣는다.

☑ **8개 이상** : **Type12**가 확실해요.
5~7개 : **Type12**가 의심됩니다.
5개 미만 : **Type12**가 아니군요.

꼼짝 않는 판다 곰, 진욱이

학습실

진욱이는 오늘도 하루 종일 책상에 앉아 있다. 움직이지도 않는다. 연필로 뭔가를 쓰는 일도 드물다. 그런 진욱이를 보고 있으면 하루에 몇 센티미터밖에 움직이지 않는다는 판다 곰이 떠오른다. 또 책상 칸막이 안에 몸을 묻은 꼴이 제 집에 틀어박힌 달팽이 같기도 하다.

그렇게 진욱이는 수업이 끝나자마자 곧장 학습실로 달려와 다른 학생들이 모두 돌아갈 때까지 책상에 파묻혀 지낸다. "이제 그만 집에 가자" 하고 매니저가 등을 두드려야 겨우 자리에서 일어난다. 친구도 없고, 유행도 모르고, 노는 것에도 관심이 없다. 오로지 책상에 파묻혀 지내는 것을 지상 최대의 낙으로 알고 있는 진욱이는 '최하위권'이다.

상담 시간

"진욱아 주말에는 뭐 했어?"

"······그냥."

"그냥 뭐 했는데? 진욱이가 학습실 밖에서는 무엇을 하고 지낼지 매니저는 너무 궁금해."

"……텔레비전."

"어떤 거 좋아하니? 나는 「1박2일」 좋아하는데. 진욱이는?"

"어…… 저도……."

"와, 정말? 우리는 통하는 게 많네."

매니저의 호들갑에도 진욱이는 짧게 답했다. 여간해서는 네, 아니오, 이외의 답을 듣기 어려웠다. 매니저는 진욱이의 내면이 궁금했다.

"진욱아, 이번 주는 지난주에 비해서 공부 속도가 빨라졌더라. 매니저가 보기에 진욱이는 점점 공부에 가속도가 붙고 있는 것 같아. 네 생각은 어때?"

"……네."

"어제는 지난주보다 공부하는 시간이 1시간이나 단축된 거 알아? 이야, 멋진데?"

진욱이는 멀뚱멀뚱한 표정으로 매니저를 쳐다볼 뿐 여전히 말이 없었다.

학습실

학습실에 돌아왔지만 다시 책상에 앉은 진욱이는 곧장 책을 펼치기 어려웠다. 매니저가 자기에게 건넨 칭찬의 말들이 머릿속에서 자꾸 떠올랐기 때문이다. 진욱이는 칭찬에 익숙하지 않았다. 그건 다른 사람을 위한 언어일 뿐 모든 것이 낯설었다.

진욱이는 어색함에 옆자리를 두리번거렸다. 책상에 서울대 정문 사진을 붙여 놓은 아이도 있고, '소녀시대' 브로마이드로 자리를 도배한 아이도 있었다.

진욱이의 옆자리에 앉아 있는 중1 여학생은 쉴 새 없이 학습실을 들락날락거렸다. 뒷자리 아이는 조금이라도 집에 빨리 가려고 매니저가 학습실에 들어올 때마다 떼를 썼다. 멀찌감치 학습실의 한 귀퉁이에서 진욱이처럼 하루 종일 책상에 처박혀 있는 아이가 있긴 하지만, 소문에 그 아이는 전교 1, 2등을 오간다고 했다. 학습실에서 공부하는 아이들의 겉모습은 닮아 있지만, 현실은 하늘과 땅 차이였다.

진욱이는 그런 학습실이 가장 편했다. 시비를 걸어오는 사람도 없고, 간섭하는 사람도 없는 학습실은 곰 같은 진욱이가 머물기에 제일 아늑한 장소였다.

상담 시간

"정말 잘했어"

매니저가 진욱이의 공부법에 대해 짚어 주고 있었다. 진욱이는 듣고만 있을 뿐 여전히 아무 말이 없었다.

"진욱아, 나 혼자 일방적으로 얘기하니까 재미없지?"

"……."

"그래서 너와 함께 할 수 있는 방법에 대해서 생각해 봤는데 들어 볼래?"

"......."

"이렇게 하는 거야. 매일 각자가 그날 가장 잘한 점에 대해서 두 가지씩만 찾아보는 거야. 그리고 집에 가기 전에 서로에게 알려 주는 거지. 어때? 재미있겠지?"

며칠 뒤, 진욱이는 여전히 책상에 우두커니 앉아 있었다. 책을 폈지만 재빠르게 몰두하기는 어려웠다. 무엇이든 재빠르게 움직이는 것은 진욱이에게 쉽지 않은 일이었다. 하지만 오늘은 조금 속도를 내 보기로 했다.

오늘 계획된 공부는 가장 싫어하는 과학 과목이기에, 쉽지도 않을 뿐만 아니라 집중하기도 어려웠다. 하지만 오늘도 진욱이는 매니저에게 스스로 좋아진 점 두 가지를 얘기해야 한다.

"오늘은 진욱이가 어제보다 글씨를 잘 썼네. 만약 어제 같은 글씨로 답안지를 작성하면 주관식에서는 점수가 왕창 깎였을 텐데, 필체가 조금씩 좋아지고 있어서 다행이다."

글씨를 보며 매니저는 기쁜 목소리로 얘기했다. 매니저의 환한 얼굴을 보다가 다시 자신의 노트를 보니 정말 글씨가 반듯해진 것도 같았다.

"수업 시간에 선생님이 강조한 내용을 형광펜으로 표시해 온 것도 오늘의 잘한 점. 이렇게 수업에 집중만 잘해도 성적은 저절로 오른다니까. 진욱이가 드디어 도를 깨달았구나!"

그저 수업 시간에 졸다가 무심코 고개를 들었는데 선생님과 눈이 딱 마주쳤다. 그래서 얼른 형광펜을 들어 짝의 책과 똑같이 밑줄을 그었을 뿐인데 그것이 매니저의 마음에 들 줄은 몰랐다.

"이제 진욱아, 네가 얘기해 봐. 오늘은 어땠어?"

"……시간을 정해 놓고 문제집을 풀었고, 문제는 어제보다 두 개나 더 맞았어요."

"이야, 한 번에 두 가지 수확을 거두다니. 좋았어!"

학습실

학습실에서 진욱이는 가방에서 시험지를 다시 꺼냈다. 시험이 끝나고 나서 시험지를 다시 들춰 보는 일은 평생에 처음 해 보는 일이었다. 한 문제씩 다시 살펴보던 진욱이는 시험지 속에서 새로운 것을 발견했다.

수많은 틀린 문제 가운데 세 문제는 이미 정답을 알고 있는 것이었다. 그 세 문제를 더 맞혔다면 매니저에게 세 번의 칭찬을 더 들을 수 있었을 텐데……. 안타깝고 억울한 마음에 진욱이는 주먹으로 자기 머리를 연거푸 내리쳤다. 자기 머리를 두들기는 진욱이를 양옆에 앉은 아이들이 흘깃거렸다. 진욱이가 이렇게 역동적으로 움직이는 모습을 처음 보았기 때문이었다. 진욱이는 최초로 결심했다.

"다음 시험은 더 잘 봐야지."

상담 시간

매니저가 진욱이에게 작은 노트를 건넸다. 손바닥보다 조금 더 큰 노트. 여전히 진욱이는 특유의 어리둥절한 표정으로 매니저를 물끄러미 바라볼 뿐이었다.

"진욱아, 선물이야. 내가 쓴 일기장이야."

"네? 뜬금없이 무슨 일기장이에요?"

"우리 지난번에 약속한 거 있지? 너에 대해서 매일 좋은 점을 같이 찾아보기로 했던 거. 그래서 매니저가 너에게 느꼈던 좋았던 점들이나 생각들을 잠깐씩 적어 봤어. 그런데 내가 한꺼번에 읽어 보니 진욱이가 그동안 얼마나 많이 노력하고 있는지 한눈에 보이더라. 너한테도 빌려줄게. 한번 읽어 보고 내일 돌려줘."

학습실

진욱이는 매니저에게 빌린 노트를 펼쳐 봤다. 정말 일기장처럼 날짜와 요일이 적혀 있고, 그 아래 세 줄에서 다섯 줄 정도의 메모가 적혀 있었다. 낯익은 매니저 글씨였다. 매니저 말대로 칭찬을 받았던 날들이 떠올랐다.

"매니저님이 언제 날 이렇게 지켜봤지?"

일기장에는 진욱이에게 말해 준 것보다 더 많은 칭찬이 적혀 있는 날도 있었고, 때로는 진욱이에게 전하지 못했던 걱정과 염려가 가득한 날도 있었다. 자신은 생각지도 못했던 작은 행동의 변화도 매니저는 언제 보았는지 금세 알아채고 기분 좋은 말들로 칭찬해 주었다.

노트를 읽던 진욱이는 '진욱이가 책상에 조금 더 몸을 밀착했으면 좋겠다'는 문장에 눈이 멈췄다. 그리고는 노트를 읽다 말고 의자를 조금 더 바짝 당겨 보았다. 상체를 책상 가까이 숙이니 활자가 훨씬 더 크게 보이고, 세상이 더 고요해지는 것 같았다.

'진욱이가 모르는 국어 단어를 외워 왔다. 아주 기뻤다'는 문장도 있었다. 일주일 동안 매니저가 하도 졸라서 무심결에 해 본 것인데, 매니저가 이렇게 기뻐할 줄은 몰랐다. 그리고는 책상에 꽂힌 국어 자습서를 펼쳤다. 본문 오른쪽 귀퉁이에 '어휘 정리' 코너가 눈에 띄었다. 일단 형광펜으로 모르는 단어를 챙겨 두었다. '이따가 마저 외워야겠다'고 나지막이 말했다.

'진욱이가 기본 문제 풀이 과정을 노트에 정리하기 시작했다. 이제 제대로 수학을 공부하기 시작한 우리 진욱이!! 이제 수학의 재미가 무엇인지 조금씩 이해하게 될 것 같다'는 메모도 있었다. 진욱이는 책상 한구석에 꽂힌, 매니저가 선물해 준 수학 노트를 보았다. 수학을 싫어하는 진욱이를 위해 매니저는 찬찬히 공부하는 법을 일러 주면서 건넨 노트였다.

모든 것이 매니저에게 미안하고 고마운 마음에, 그냥 시키는 대로 시늉이라도 내 보자고 시작했던 일인데, 매니저가 이렇게 큰 의미를 부여하고 있는 줄 몰랐다.

일기 끄트머리에 덧붙여진 문장이 진욱의 마음에 깊은 부담감으로 아로새겨졌다.

'진욱이가 노트를 다 쓰면 새 노트를 선물해야지.'

상담 시간

진욱이의 어머니가 처음으로 매니저를 찾았다. 진욱이를 맡긴 지 5개월만의 일이었다. 그간 진욱이의 어머니는 방문은커녕 전화 한 통 걸어온 적이 없었다. 매니저가 전화를 해도 도통 연결이 되지 않아 의아하게 여기고 있던 터였다.

그런데 진욱의 어머니를 만나고 나서 매니저는 그 이유를 알게 되었다. 진욱이의 어머니는 난청이었다. 보청기를 끼고, 앞에 앉은 사람의 입술을 보아야 겨우 소통이 가능한 청력이었다. 발음도 부정확하고, 말투도 어눌하여 대화가 쉽지는 않았다. 어머니가 띄엄띄엄 들려주는 이야기에 매니저는 정성스레 귀를 기울였다.

"제가 이렇다 보니 어려서부터 진욱이와 얘기를 많이 나누지 못했어요. 엄마한테 제대로 배우지 못해 말문도 늦게 트인 데다가, 겨우 말을 시작한 후에는 얘기할 사람도 없었죠. 그렇다 보니 진욱이가 점점 말수가 줄어들더라고요. 친구도 별로 없고, 거의 혼자 놀고……. 가슴이 많이 아팠어요. 초등학교 5학년 때는 반에서 심하게 왕따를 당해서 몇 달을 맞고 다녔던 적도 있었어요. 제가 학교에 가서 항의라도 하고 싶은데, 그러면 저 때문에 더 놀림을 받을까 봐 그러지도 못했죠."

진욱이 어머니의 이야기는 거의 알아듣기 어려웠다. 하지만 매니저는 짧은 말이라도 놓칠 새라 한 마디 한 마디에 귀 기울였다.

"중학교에 올라가면서 덩치가 훌쩍 커지는 바람에 이제는 다른 애들이 건드리지는 않는 것 같았어요. 그런데 진욱이는 더 말이 없어지더군요. 가끔은 얘가 나처럼 귀가 안 들리나, 덜컥 겁이 나기도 해요. 왜냐면 하루 종일 같이 있어도 거의 말이 없으니까요. 그런데 엊그저께 이 녀석이 웬일로 먼저 말을 걸더라고요. 하는 말이, 자기는 앞으로도 오래도록 매니저님과 함께 공부를 하고 싶다는 거예요. 왜 그러느냐고 물었더니, 매니저님 때문이래요. 태어나서 엄마, 아빠 빼고 자기를 좋아해 준 첫 번째 사람이 매니저님이라나요. 매니저님이랑 얘기하면 자기가 사랑받는 기분이래요. 매니저님, 우리 아들이 이런 얘기를 하면서 우는 거 있죠. 저도 아들 손을 잡고 한참을 울었어요. 기쁘고 감사해서요."

어느새 매니저의 눈에도 눈물이 가득했다.

학습실

오늘도 진욱이는 학습실에 앉아 있다. 여전히 느리고 느긋하다. 하지만 예전에 비하면 몇 배나 부지런해졌다. 가끔 연필로 노트에 뭔가를 적기도 하고, 부지런히 참고서를 뒤적거리기도 한다.

어제 매니저에게 칭찬받았던 문제집을 다시 꺼내 보며 기분 좋은 미소를 짓는가 하면, 그동안 있으나마나 했던 학습 플래너에도 간간이 무엇인가를 적어 넣었다.

달팽이처럼 자기 집에 콕 틀어박혀 대꾸도, 미동도 하지 않았던 진욱이가 조금씩 등껍질을 들썩이며 몸을 드러내기 시작했다. 파묻혀 칩거했던 등껍질 속에서 이제 진욱이는 더듬이를 길게 뻗어 세상을 탐색하려 하고 있었다.

그렇게 진욱의 변화는 시작되었다. 비록 시작은 미약했지만, 언젠가 진욱이는 저 높은 세상을 향해 달리고 또 달릴 것이다.

▶▶ 타입 프로파일 ◀◀

대표 입말	"제가 할 수 있을까요?"
공부 행동	공부를 하기 위해 책상 앞에 앉아 있는 시간은 길지만, 그 시간 내내 제대로 공부를 하지는 않는다. 기본 어휘력이 부족하여 교재 내용 자체를 이해하는 데 더디기도 하지만, 당장 무엇부터 시작해야 할지를 판단하지 못하여 멍하니 있을 때가 많다.
성격	자기 표현이 적고 내성적이며, 수동적인 학생이다. 자기 의지를 갖고 적극적으로 생각한 후에 대답하기보다는 누군가가 무엇을 요청하면 일단 '네'라는 대답부터 하고 본다.
스트레스 원인	노력에 대한 성취 경험이 없는 것이 가장 큰 원인이다. 특히 학습적으로 들인 노력에 비해 제대로 된 성과를 경험한 적이 없어 '나는 해도 안 돼'라는 생각을 할 수 있다.

우선 학습 과목을 중심으로 반복 학습하라

___

1. 과목별, 학습 단계별 공부 순서를 명확히 하라

물에만 뜨면 누구나 수영을 할 수 있을까? 물론 물에 떠서 앞으로 가는 모든 행동을 수영이라고 할 수도 있다. 하지만 사람들은 수영 강습을 등록하고 기초반 – 초급반 – 중급반 – 고급반으로 나눠 과정별로 배우게 된다. 수영을 하는 데에도 단계별 방법이 있고, 그 방법을 익히기까지 시간이 필요한 것이다. 공부도 마찬가지다.

공부는 국어, 영어, 수학, 사회, 과학 등의 주요 과목별 공부와 개념 학습, 문제 풀이, 시험 대비 학습 등의 단계별 공부로 구분할 수 있고 과목별, 학습 단계별 공부 방법도 구분된다. 공부를 하려고 마음먹고 책상 앞에 앉았지만 정작 공부 순서와 방법을 알지 못한다면 무엇부터 시작해야 할지 고민하는 시간이 길어질 수밖에 없다.

나의 공부 수준과 과목 특성을 고려하여 나만의 공부 순서를 정리해 보자. 나의 공부 순서를 명확히 정리하는 것만으로도 학습의 질을 높일 수 있다.

2. 우선 학습 과목을 선별하라

공부 순서와 방법을 정했다면 무엇을 공부할지도 생각해야 한다. 모든 과목을 한 번에 공부할 수도 없으니 주어진 시간에 가장 높은 성과를 얻을 수 있는 과목부터 공부하는 것이 좋다. 이렇게 먼저 학습할 과목을 '우선 학습 과목'이라고 한다.

우선 학습 과목을 정하기 위해서는 '좋아하는 과목은 무엇일까?', '공부를 했을 때 다른 과목에 비해 시간당 공부할 수 있는 양이 많은 과목은 무엇인일까?' 등을 스스로 고민해야 한다.

우선 학습 과목의 공부 성과에 따라 공부 의욕도 달라질 수 있으니 깊이 생각해서 우선 학습 과목을 선별해 보자. 우선 학습 과목은 한두 과목 내외로 정하는 것이 도움이 된다.

3. 정확히 알 수 있을 때까지 무한 반복 학습을 하라

'에빙하우스의 망각 곡선'이라는 것이 있다. 이에 따르면 학습을 한 뒤, 10분이 지나면 망각이 시작되는데, 1시간 뒤에는 50퍼센트, 하루 뒤에는 70퍼센트의 내용을 잊게 된다는 것이다.

하지만 노력에 따라 공부한 내용을 오랫동안 기억할 방법이 있다. 바로 '반복 학습'이다. 잊기 전에 반복 학습한다면 기억할 수 있는 시간은 더욱 길어진다. 짧은 시간을 투자하면서 반복 학습 효과를 볼 수 있는 방법을 실천해 보자.

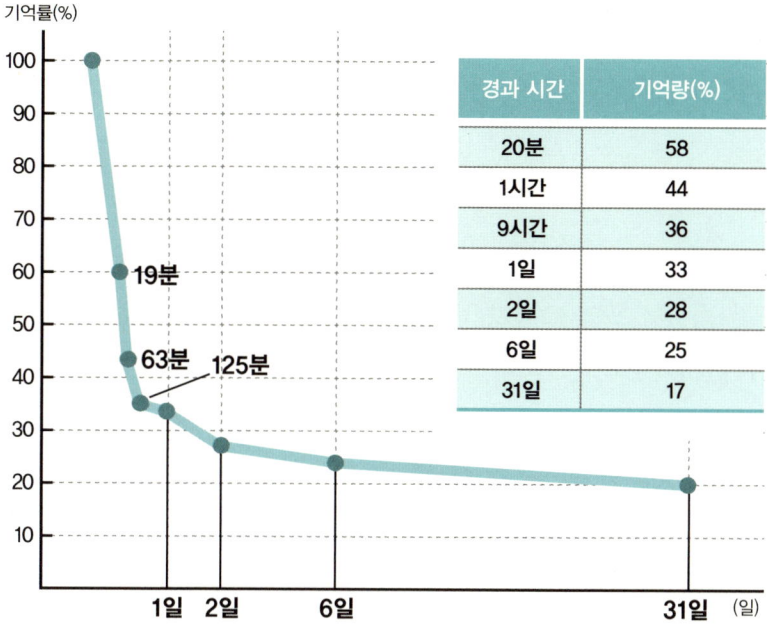

경과 시간	기억량(%)
20분	58
1시간	44
9시간	36
1일	33
2일	28
6일	25
31일	17

에빙하우스의 망각 곡선

1) 수업 시간이 끝난 직후, 수업에서 다룬 주요 내용이 무엇인지를 훑어본다. 이때 주요 내용과 신경 써서 공부할 내용을 미리 표시해 두면 복습의 효과가 더욱 커진다.

2) 해당 내용을 복습하기 전, 표시해 둔 내용을 먼저 훑어보며 기억 나는 것과 힘써 공부할 것을 구분한다.

3) 다음 범위를 공부하기 전, 이전 내용을 확인하고 연결되는 개념 이 무엇인지 확인한다.

학생의 눈높이에 맞춰 소통하라

—

학습실 지킴이 타입의 학생은 내향적이고 순종적인 학생이기에 주변 어른들로부터 '착한 아이'라는 칭찬을 많이 받고 자랐다. 영리하지는 않지만 늘 열심히 노력하는 모습을 보이기에 부모님은 학생이 '언젠가'는 상위권으로 치고 올라갈 것이라 기대한다.

하지만 노력에 비해 실망스러운 결과를 얻게 되는 일이 반복되면서 학생은 점점 위축되고 수동적으로 변해 간다. 친구들과도 친해지고 싶지만, 성적에 대한 자신감이 없기에 오히려 주변의 관심이 부담스럽고 두렵기도 하다.

학습실 지킴이 타입의 학생이 가장 두려워하는 것은 누군가의 기대다. '저렇게 열심히 하니, 기대해도 되겠다'는 부모의 간절함이 강할수록 오히려 학생은 자기 껍질 안으로 숨어 버린다.

유일한 방법은 학생의 수준을 정확하게 이해하고, 그 학습 수준에 맞도록 기대 수준을 조절하는 것이다. 기초가 허약하기에 같은 시간을 투자하고도 성취도가 절반도 안 될 수 있다는 것을 이해해야 한다. 무엇보다 학생이 목표한 것을 이루어 내는 경험을 할 수 있도록 학생의 눈높이에 맞추어 소통하는 것이 중요하다.

우선 순위 정하기

◉ 시간을 효율적으로 쓰려면 일의 우선 순위를 정해 중요하고 급한 일부터
마무리해야 한다. 아래의 내용을 실천해 보자.

우선 순위를 정하는 규칙

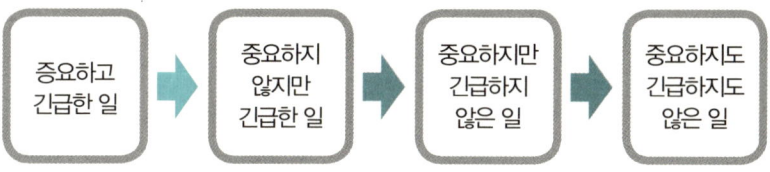

| 증요하고 긴급한 일 | ➡ | 중요하지 않지만 긴급한 일 | ➡ | 중요하지만 긴급하지 않은 일 | ➡ | 중요하지도 긴급하지도 않은 일 |

나의 우선 순위 정하기

아래 리스트에 이번 주에 해야 할 일과 기한을 적은 후, 일의 종류를 구분해 보자.

> **A :** 중요하고 긴급한 일 / **B :** 중요하지 않지만 긴급한 일
> **C :** 중요하지만 긴급하지 않은 일 / **D :** 중요하지도 긴급하지도 않은 일
> 일의 종류를 구분한 후, A → B → C → D 의 순으로 하나씩 진행해 보자.

구분	이번 주 해야 할 일	기한

꾸준히 실천할 수 있는 것을 찾아라

무심이

타입 체크리스트

아래 체크리스트는 모두 10개의 문항으로 구성되어 있다.
자신에게 맞는 문항에 체크해 보자.

▬

- ☐ 먼저 말을 하는 법이 거의 없다.

- ☐ 다른 사람이 묻는 말에 대답도 잘하지 않는다.

- ☐ 공부뿐만 아니라 주변 일들에 대체로 무관심하다.

- ☐ 일부러 반항을 하지는 않지만, 규칙을 어기는 경우가 많다.

- ☐ 다른 사람과 대화할 때 고개를 숙이거나 눈을 마주치지 않는다.

- ☐ 학교 수업 시간에는 거의 잠을 잔다.

- ☐ 책을 읽어도 무슨 말인지 이해할 수 없어 금세 포기한다.

- ☐ 커서 무슨 일을 하고 싶은지 생각해 본 적이 없다.

- ☐ 부모님과 거의 대화를 하지 않는다.

- ☐ 가장 친한 친구가 누구인지 바로 떠오르지 않는다.

▲

☑ 8개 이상 : **Type16**이 확실해요.
　　5~7개 : **Type16**이 의심됩니다.
　　5개 미만 : **Type16**이 아니군요.

경준이와 소통하는 법

___

인내하기

경준이의 대답을 듣기 위해서는 고도의 인내심이 필요했다. 경준이는 누가 어떤 말을 물어도 온갖 뜸을 들인 뒤 힘겹게 단답형으로 답하는 것이 고작이었다.

처음에 매니저는 반응이 없는 경준이의 태도에 경준이가 듣지 못한 것은 아닌지 싶어 연거푸 질문을 반복했다. 그런데 얼마 뒤, 경준이가 어린 시절을 외국에서 보냈다는 사실을 알고 그동안 경준이의 태도가 납득이 되었다.

"경준아, 어렸을 때 어느 나라에 살았니?"

매니저가 세 번쯤 반복해 묻자 경준이는 감나무에서 연시가 '툭' 하고 떨어지듯 대답했다.

"싱가포르요."

이해하기

경준이는 세 살 때, 아버지의 직장 문제로 싱가포르로 건너갔다. 경준이가 이제 갓 말을 배우기 시작할 무렵이었다. 경준이는 학교에서 영어와 중국어를 반반씩 배웠고, 집에서는 엄마와 한국어로 대화했다. 하지만 세 가지 언어 모두 끝내 능숙해지지는 않았다.

그렇다 보니 점점 더 말수가 적은 아이로 자라났다. 7년이 지나고 한국어보다 영어와 조금 더 친해지려 할 때쯤, 경준이네 가족은 아버지의 직장을 따라 다시 한국으로 돌아왔다.

경준이는 한국에서 초등학교 4학년으로 편입했다. 이제 경준이는 더 이상 영어와 중국어와 한국어를 넘나드는 어지럼증을 겪지 않아도 되었다. 그러나 문제는 한국어도 경준이가 쉽게 친해지기에는 힘든 외국어라는 점이었다.

초등학교 4학년 교과서는 경준이가 읽기에 어려운 단어가 너무 많아 술술 읽히지 않았다. 사전을 찾아보았지만 그 단어를 설명하는 말 역시도 어려웠다. 교과서보다 더 힘든 것은 학교에서 정해 주는 각종 필독 도서들이었다. 어떤 책을 읽어도 완벽하게 이해되지 않았다.

'4학년 때 실력이 평생을 좌우한다'며 긴장이 가득한 반 친구들 틈에서 경준이는 이방인처럼 홀로 나른하고 무기력해졌다. 그렇게 3년이 흘렀다.

이제 중학생도 되었으니 행복 끝, 고생 시작이라며 엄마는 산처럼 많은 자습서를 경준이의 책상에 꽂아 주었다. 경준의 말수는 싱가포르에서보다 현저하게 줄었다.

도전하기

매니저는 경준이에게 다른 아이들과 조금 다른 계획표와 목표를 제안했다. 과목별 세부 전략이 촘촘한 학습 포트폴리오 대신, 단순하고 간단한 미션들이었다.

첫 번째 미션은 매일 책을 읽고 매니저와 담소를 나누는 것이었다. 이를 위해 매니저는 추천 도서 세 권을 정했다. 처음에 경준이는 책을 읽는 것도, 모르는 단어를 찾아 적어 보는 것도, 그 내용에 대하여 매니저와 이야기를 나누는 것도 모두 힘들어했다. 게다가 책을 읽는 것보다 사전을 찾는 것을 더 어려워했다. 하지만 시간이 지나면서 경준이는 어려운 내용은 엄마와 매니저에게 물어보면서 그 일을 해내기 시작했다.

두 번째 미션은 책 읽기를 하루도 빼먹지 않고 100일 동안 지속하는 것이었다. 일명 '책 읽기 100일 릴레이'로 겨울 방학 계획에서 매니저가 가장 강조한 것이었다. 시간이 여유로운 방학이기에 경준이는 큰 부담 없이 매니저의 제안을 승낙했다.

사실 매일 한두 장 정도의 책 읽기는 다른 학생에게는 미션이라고 하기도 민망할 정도로 간단한 일이었다. 그러나 매니저는 매일매일 글을 읽어 오는 경준이를 보며 크나큰 감동을 받았다. 달력에 커다랗게 동그라미를 쳐 가며 경준이가 글 읽기를 실천한 날을 기뻐하고 기념했다. 매니저의 호들갑스러운 반응을 멀뚱하게 쳐다보며 경준이도 내심 신이 나 독서 릴레이를 이어 갔다.

세 번째 미션은 다음 시험에서 지금보다 딱 한 등수만 올려 보는 것이었다. 현재 경준이의 석차는 반에서 32등. 따라서 다음 시험 경준이의 목표는 31등이다. 현재 경준이의 뒤에는 아무도 없기 때문에 다음 시험의 미션은 다른 말로 하면 '꼴찌 탈출'이 되는 셈이었다.

예외 없이 꼴찌를 도맡아 해 오던 경준이였기에 이 세 번째 미션 앞에서는 주저했다. 시원스레 대답하지 않는 경준이를 보며 매니저는 경준이의 눈앞에 지난 몇 달간 공부했던 노트와 문제집을 펼쳐 놓았다. 경준이가 이미 다 쓴 것이라며 버리고 갈 때마다 매니저가 정성스레 모아 놓은 것들이었다. 거기에는 지난 시간 동안 경준이가 공을 들이며 공부한 흔적들이 고스란히 남아 있었다.

경준이는 노트를 살펴보면서 자신이 어떻게 발전해 왔는지를 확인했다. 매니저도 확신에 가득 찬 표정으로 그동안 경준이가 어떻게 달라졌는지를 조목조목 짚어 주었다.

그러자 경준이의 얼굴에 처음으로 미소가 번졌다. 조금 뒤, 경준이는 띄엄띄엄 말했다.

"매니저님, 세 번째 미션에 도전해 볼게요."

내기하기

경준이와 매니저는 온갖 내기를 했다. '책 읽기 100일 릴레이'는 매니저도 경준이처럼 매일 실천했다. 경준이가 모르는 단어를 표시해 오면 머리를 맞대고 앉아 누가 빨리 사전을 찾는지도 내기했다. 매니저가 이기는 날이 많았지만, 가끔은 경준이가 매니저를 앞지르는 날도 있었다.

매니저는 경준이와 '한 시간 안에 끝내기'라는 내기도 했다. 이로써 경준이는 쉬운 과제를 줘도 한 시간은 졸고, 두 시간 동안 헐렁헐렁하게 공부하던 습관을 고쳐 나갔다. 모두 내기의 힘이었다.

뭐든 한 시간 안에 끝내는 연습을 반복하는 사이, 아다지오로 흘러가던 경준이의 시간이 모데라토의 박자를 회복했다. 심지어 경준이는 매니저가 묻는 말에도 재빠르게 대답하기 시작했다.

응원하기

지난 겨울 방학, 경준이는 한국어와 힘겨운 전쟁을 치렀다. 모국어이지만 외국에서 살다 온 경준이에게 한국어는 까다롭고 불친절한 상대였다. 고급한 한자어가 길을 막았고, 이해하기 어려운 관용어구들이 발목을 잡았다. 그렇다 보니 수학과 영어를 제외한 모든 과목이 마치 해독하기 어려운 암호 같았다.

어느 날, 도덕 시험을 공부하다 풀이 죽은 경준이에게 매니저는 선물을 건넸다. 한 번에 일곱 가지 색깔이 나오는 무지개 색연필이었다.

"경준아, 네 생각이 나서 이 색연필을 샀어. 공부하다가 막혀서 짜증이 나는 단어가 있으면 이 색연필로 색칠해. 그리고 매니저랑 같이 뜻을 찾아보자."

매니저는 또 다른 응원의 메시지를 전했다.

"경준아, 우리는 지금 2인 3각 경주를 하고 있는 거야. 이전까지는 경준이가 혼자 뛰는 외로운 달리기를 했다면, 지금 경준이는 매니저랑 함께 다리를 묶고 달리는 거야. 2인 3각 경주에서 가장 중요한 열쇠가 뭔지 알아? 바로 팀워크야. 달리기는 달리는 사람의 능력만 있으면 되지만 우리의 경주는 서로의 호흡이 잘 맞아야 돼. 그동안 우리의 팀워크도 꽤 괜찮았지? 조금만 더 힘내자. 오케이?"

조르기

이렇게 경준이와 조금씩 가까워지고 있던 즈음, 매니저가 경준이에게 물었다.

"경준아, 너 잘생겼다는 말 들어 봤니?"

"……별로요."

"내 그럴 줄 알았어. 못 들어 봤지?"

진욱이는 멀거니 쳐다볼 뿐 여전히 반응이 없다. 못생긴 사람한테 못생겼다고 하는 것 같아 내심 기분이 상하려 했다.

"너, 왜 사람들이 너한테 잘생겼다고 안 하는지 알아? 네가 안 웃어서야. 사람마다 잘생긴 표정이 있고, 못생긴 표정이 있거든. 조인성도 괴상한 표정 지으면 진짜 못생겼어. 경준이 너한테도 잘생긴 표정이 있는데, 네가 그걸 너무 숨기더라. 넌 그게 문제야."

"제게 잘생긴 표정이 있다고요?"

"그래, 너 가끔 웃으면 진짜 잘생겼어. 매니저가 지난번에 홀딱 반했잖아. 매니저한테는 이제 좀 웃어 줘라. 응?"

관계 맺기

중간고사 결과, 경준이는 반에서 23등을 했다. 생각지도 못한 성적에 경준이도 성적표를 내밀며 어금니가 다 보이도록 환하게 웃었다. 그 미소가 너무 멋져서 눈이 부실 지경이었다.

매니저는 세상에서 경준이의 이런 미모를 아는 몇 안 되는 사람 중한 명이 되었다. 그렇게 경준이와 매니저는 서로에게 의미심장한 존재가 되어 갔다.

▶▶ 타입 프로파일 ◀◀

대표 입말	"……."
공부 행동	공부와 관련된 행동을 거의 하지 않는다. 가방을 메고 학교를 오가지만 스스로 책을 펴는 일은 없다. 부모님의 잔소리에도 반응하지 않고, 시험 성적을 잘 받기 위한 노력도 하지 않는다.
성격	세상사에 무관심하다. 주변 사람들의 말과 행동에 대해서도 관심이 없다. 좋아하는 것도 따로 없다. 재미없고 무심한 학생을 좋아하는 또래는 없기에, 친한 친구가 있는 경우도 드물다.
스트레스 원인	표현하지 않을 뿐이지, 학생의 내면에는 자신에 대한 주변의 무관심으로 인한 상처가 있다. 하지만 그것을 극복하기 위해 자신이 먼저 노력하는 일은 없다. 괴로움이 커질수록 오히려 주변에 무감하게 반응해서 악순환이 계속된다.

사전을 통해 내 단어장을 만들어라

1. 사전과 벗하고, 사전에 나온 의미를 알고 있는 말로 바꿔라

알아듣지 못하는 외국어가 나오는 방송을 본 적이 있는가? TV 속 사람들은 세상에 이보다 즐거운 일은 없는 양 깔깔거리며 웃을 때, 나만 이해하지 못한 적이 있는가? 그 상황을 계속 보고 있노라면 그저 하품만 날 뿐이다.

세상과 소통하기 위해서는 우리가 사용하는 언어를 정확히 이해해야 한다. 책을 보다가 모르는 단어가 나오면 무엇이 되었든 사전을 찾아보고 나만의 단어장을 만들어 정리해 보자. 의미 없는 말들도 어느덧 제 의미를 찾는 순간이 올 것이다.

2. 모든 학습의 기본은 단어! 내 단어장을 만들어라

무심이 타입의 학생은 공부를 하려고 결심했지만, 모든 과목에서 배경지식이 부족하여 노력이 필요한 상태다. 그렇다고 한 번에 많은 것을 익히기도 어려운 일이다.

주요 과목 위주로 '나만의 단어장'을 만들어 보자.

1) 하루에 영어 단어 10개 암기 : 모르는 단어 10개를 찾아 암기하는 미션이다. 오늘 암기한 단어는 10개이지만, 어제 단어 10개를 함께 점검한다. 점검 후 틀린 단어는 다음 날 암기할 단어 10개에 포함시켜 다시 암기한다.

2) 하루에 국어 단어 10개 정리 : 모든 책에서 모르는 국어 단어를 10개를 찾아 암기하는 미션이다. 국어 단어의 경우, 사전을 찾아 정리하되, 단어장을 작성할 때는 활용 문장도 함께 기록하여 학습한다.

3. 수업을 듣는 규칙을 정하고 실천하라

수업을 듣는다는 것은 무슨 의미일까? 수업 시간 내내 선생님의 말씀을 듣기만 하면 되는 것일까? 그렇지 않다.

수업을 듣는다는 것은 첫째, 선생님의 설명에 귀 기울이고 둘째, 수업 중 중요한 내용의 의미를 새기고 셋째, 필요한 내용은 필기하면서 수업 내용을 수업 시간 중에 이해하는 것을 의미한다.

하지만 무심이 타입의 학생에게 이는 적합한 수업 듣기라고 할 수 없다. 수업을 듣는 간단한 규칙부터 정하고 하나씩 실천해 보자.

1) 수업을 들은 뒤, 핵심 개념을 5개까지 말할 수 있어야 한다.

2) 선생님의 판서는 모두 필기한다. 필기한 내용 중 모르는 단어는 꼭 단어장을 작성한다.

친구와 관계 맺음을 시작하라

무심이 타입의 학생은 무엇에도 쉽게 관심을 보이지 않는다. 부모나 선생님은 물론, 친구들과도 거의 소통하지 않는다. 그렇다 보니 보통 없는 사람 취급을 당하기 일쑤이고, 심한 경우 왕따의 대상이 되기도 한다.

어떤 이유에서 학생이 이처럼 고립되고 단절된 성향을 보이는지는 학생마다 자라 온 환경이 다르기에 일반화할 수는 없다. 하지만 기질적인 측면은 공통적이다.

학생 스스로 타인으로부터 자신을 완강하게 격리하고 있는 것처럼 보일 수 있으나, 사실 모든 청소년들은 본능적으로 '관계 형성의 욕망'을 지니고 있다. 보호자의 테두리 속에서 모든 것이 평화로웠던 아동기를 지나 홀로서기를 앞두고 세상과 소통하는 연습은 청소년기에 거쳐야 하는 중요한 과업 중 하나다.

그러하기에 모든 청소년기 학생에게 가장 중요한 가치는 '친구와의 관계 맺음'이다. 전교 1등을 하더라도 친구에게 따돌림을 당하게 되면 자살의 충동에 휩싸이게 될 정도로 청소년기의 학생들에게 세상과의 관계는 대체 불가한 가치이다.

무심이 타입의 학생도 친구가 필요하고 좋은 멘토를 갈망하지만, 그 간절함을 표현할 방법을 알지 못한다. 학생 내면의 소리를 들을 줄 아는 누군가가 그 열망을 이해하고 학생에게 먼저 손을 내밀어 주어야 할 것이다.

나만의 단어장 만들기

◉ 아래 순서에 맞게 실천하며 나만의 단어장을 만드는 연습을 해 보자.

나만의 단어장 만들기 연습

[준비물] 국어 사전, 연필, 지우개

1. 아래 본문을 읽으며 모르는 말에 동그라미를 친다.
2. 동그라미 친 단어의 뜻을 사전에서 찾는다.
3. 사전에서 찾은 뜻을 메모지에 정리한다.
   • 앞면에는 모르는 단어를 적는다.
   • 뒷면에는 단어의 의미를 적는다.

사전에는 사전辭典과 사전事典 두 가지가 있다. 사전辭典은 내가 검정필이라는 별명을 얻은 다음 그 말의 뜻을 찾아보았던 것처럼 낱말이나 구절을 일정한 순서대로 모아 그 발음과 뜻을 풀이해 놓은 책이고, 사전事典은 낱말 풀이보다는 특정 분야별로 우리 주변의 여러 가지 사항들에 대해 하나하나 해설을 담은 책이다. 즉 사전辭典이 세상의 모든 '말'의 뜻을 설명한 책이라면 사전事典은 각 분야별로 이 세상의 모든 '사물과 일'의 이치를 설명한 책이다.

지금 우리 주변에는 동식물 사전, 역사 사전, 경제 사전, 과학 사전, 건축 사전, 문학 사전, 음악 사전, 미술 사전 등 각 분야별 전문성을 살려 묶은 다양한 종류의 사전이 있다. 거기에 각 가정마다 컴퓨터가 보급되고 인터넷 사용이 급증하면서 인터넷 사전이나 시디CD 형태의 전자 사전까지 일반화되어 가고 있는 중이다. 바야흐로 사전이 예전보다 더욱 가까이 우리 곁으로 다가오고 있는 것이다.

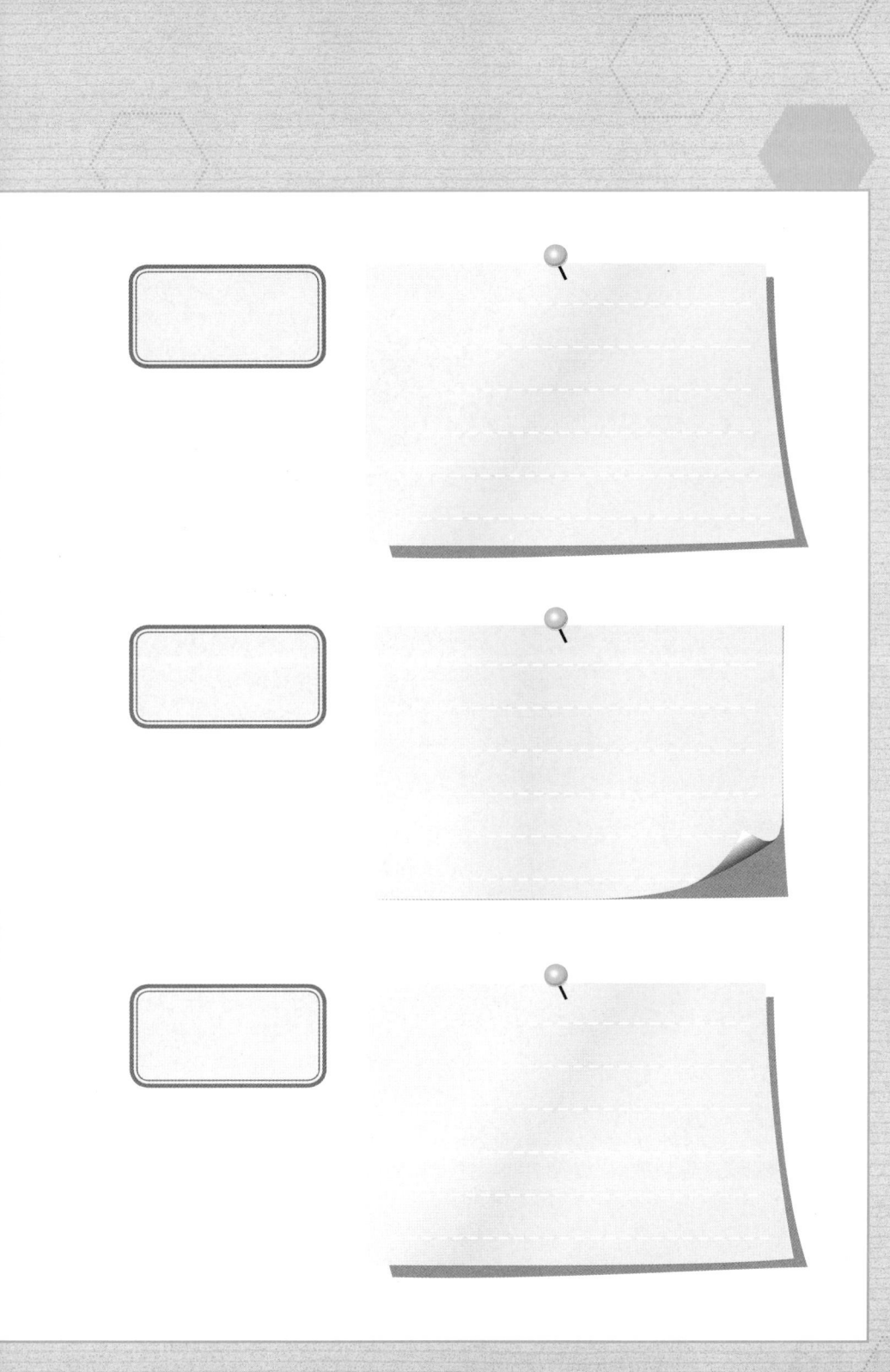

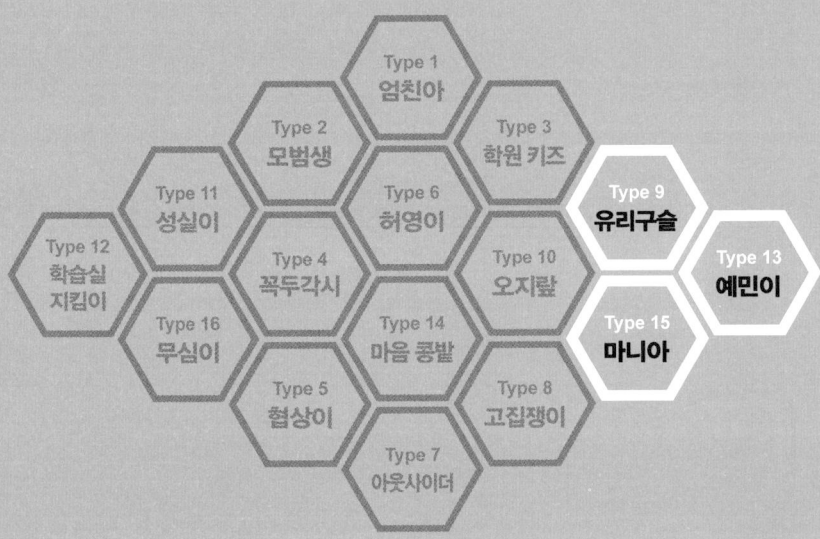

정서

Part 3

마음을 먼저 잡아라

TYPE
9

복잡한 머릿속
고민부터 정리하자

유리구슬

아래 체크리스트는 모두 10개의 문항으로 구성되어 있다.
자신에게 맞는 문항에 체크해 보자.

—

☐ 매사에 자신감이 없는 편이다.

☐ 목소리가 작아서 말을 하면 사람들이 다시 물어보는 경우가 많다.

☐ 행동을 하기 전에 생각을 많이 하고 신중하게 행동한다.

☐ 남들보다 책을 읽는 속도가 느리다.

☐ 친구들에게 베푸는 것을 좋아한다.

☐ 손해를 보더라도 다른 사람에게 싫은 소리를 못한다.

☐ 학습 속도가 느린 편이다.

☐ 시험에서 좋은 성적을 받을 자신은 없다.

☐ 친구를 사귀기 위해서는 친구들에게 많이 양보해야 한다고 생각한다.

☐ 공부하려고 하지만 자꾸 신경 쓰이는 일이 생각나서 집중하기가 어렵다.

☑ 8개 이상 : **Type9**가 확실해요.

5~7개 : **Type9**가 의심됩니다.

5개 미만 : **Type9**가 아니군요.

"사랑받고 싶어요"

세진이의 쿠키

"매니저님, 이거 제가 만든 쿠키인데요, 한번 드셔 보세요 매니저님 생각이 나서 어제 만들었어요."

세진이는 해맑은 미소를 지으며 매니저에게 작은 상자를 내밀었다. 그 안에는 고등학교 2학년 여학생이 만들었을 것이라고는 믿기지 않을 만큼 멋진 쿠키가 담겨 있었다.

"세진아, 정말 네가 만든 거니? 거의 전문가 솜씨인데! 잘 먹을게."

매니저의 칭찬에 세진이는 함박웃음을 지었다. 만난 지 얼마 안 된 매니저를 위해 이렇게 정성스러운 선물을 준비하다니! 매니저도 세진이가 고마웠다.

그때부터 세진이는 빈손으로 등원하는 날이 없었다. 수제 쿠키를 시작으로 샌드위치, 초밥, 과일 샐러드, 도넛, 빼빼로 과자, 햄버거, 딸기 주스 등 정성이 가득한 간식거리를 손수 준비해 매니저와 나눠 먹는 것을 즐겼다.

매니저도 처음 한두 번은 감동스러웠지만 점점 불안해지기 시작했다. 세진이는 요리사가 아니라 내년에 수능을 치러야 할 여고생이었기 때문이다. 더구나 세진이의 성적은 매일 이렇게 간식을 만드는 데 시간을 낭비해도 좋을 만한 형편이 아니었다.

등원하자마자 학습 플래너보다 간식 봉투부터 내미는 세진이. 매니저와 짠 공부 계획은 지키지 못해도 간식 준비는 거르지 않는 세진이를 위해 결단이 필요했다.

"세진아, 오늘 매니저가 너한테 할 말이 있어."

오자마자 먹음직스러운 참치 샌드위치를 내밀던 세진이는 매니저의 진지한 목소리에 잠시 주춤했다.

"세진아, 너에게 고맙고, 미안하고, 걱정스러워."

"뭐가요?

"매니저를 위해 간식을 마련하는 그 마음이 고맙고, 금쪽 같은 시간을 흘려 보내는 것이 미안하고, 또 그것 때문에 공부 계획이 다 밀리는 일이 걱정스러워."

"……제가 매니저님을 좋아해서 그런 건데, 매니저님은 제가 싫으신가 봐요. 죄송해요……."

세진이는 섭섭한 듯 눈물까지 떨구었다. 하지만 매니저는 이미 세진이의 눈물에 익숙해져 있었다.

세진이는 거의 매일 누군가 때문에 마음이 다친 채로 등원했다. 그리고 심각하고 풀 죽은 목소리로 눈물을 흘리며 그날의 상처를 매니저와 나눴다. 세진이가 눈물을 흘리는 이유는 주로 세 가지 중 하나였다.

"친구가 저를 싫어하는 것 같아요."

"엄마가 저를 싫어하는 것 같아요."

"매니저님이 저를 싫어하는 것 같아요"

자기가 좋아하는 사람은 많은데, 그 사람들이 자신을 좋아하지 않는다는 것이 고민의 주된 내용이었다.

감탄과 감격도 많은 세진이었다. 같은 학교에 친해지고 싶은 친구가 있는데 공부도 잘하고, 무엇보다 성격이 너무 쿨해서 인기가 아주 많다고 했다. 찌질한 자기보다 열 배는 멋진 친구라며 감탄하는 세진이의 얼굴에 미소가 번졌다.

하지만 그 친구가 자신이 선물한 쿠키를 다른 친구들에게 나눠 주는 것을 보고 세진이는 씻을 수 없는 상처를 받았다며 울먹이기 시작했다. 친구에 대한 감탄이 굵은 눈물로 변할 때까지 걸린 시간은 채 몇 분도 걸리지 않았다.

또 3일 출장을 마치고 돌아온 엄마가 현관에서 신을 벗자마자 섭섭하다며 눈물바람을 해 댔다. 이렇게 바쁠 거면서 왜 형제, 자매도 하나 낳아 주지 않았냐는 것이었다. 세진이의 엄마는 피곤과 측은함이 가득한 눈으로 이런 세진이를 쳐다볼 수밖에 없었다.

세진이는 유능한 회계사인 엄마가 이렇게 공부 못하는 딸을 좋아하면 그게 더 이상한 일이라며 자조 섞인 체념으로 울먹였다.

"매니저님도 이렇게 답답한 제가 싫으시죠?"

이렇게 세진이를 아프게 한 그 누군가의 말과 행동은 대부분 별것 아닌 일들이었다. 사소한 불친절이나 의미 없는 냉담함, 세진이의 섭

세한 배려에 비해 조금은 무심한 대꾸들. 보통 사람들은 알아채지도 못할 일들로 세진이는 일급수 지표생물처럼 민감하게 반응했다.

먼지 털기

매니저는 세진이와 인생의 라이프 곡선을 그리는 시간을 가졌다. "세진아, 살아오면서 행복하고 불행했던 삶의 굴곡을 사인, 코사인 곡선으로 그려 보자. 잘했던 시절의 나, 힘들었던 시절의 나, 그리고 그 힘든 시간을 이겨낸 나를 떠올려 보면서 말이지. 세진이가 지내 온 시간 속에는 어떤 기쁨과 난관이 물결처럼 어우러져 있는지를 그려 보는 거야."

매니저는 세진이가 모든 시간을 수직으로 관통하며 미래의 모습을 꿈꾸어 보기를 바랐다.

그런데 놀랍게도 세진이의 라이프 곡선은 좀 달랐다. 매니저는 이미 수많은 학생들을 만나며 이런 상담을 해 왔다. 그리고 대부분의 학생들은 20년도 안 되는 짧은 시간 동안 상승과 하강의 숨 가쁜 여정을 경험한 것을 확인했다.

그런데 세진이의 흰 도화지 위에는 아래로만 향하는 사선이 그어져 있었다. 끝도 없이 내려가는 하락의 길. 모든 나날은 한결같이 지나간 날들보다 나빴고, 다가올 날들은 예외 없이 앞으로 더 나빠질 예정이었다.

세진이 말에 따르면, 아기였을 때 가장 행복했다. 초등학교 때 가장 공부를 잘했으며, 중학교 때 중간 정도였다면, 지금은 지지리도 공부를 못하는 하위권이었다. 세진이의 머릿속에는 온통 실패와 그런 못난 자신을 바라보는 주변 사람들의 실망으로 가득 차 있었다.

세진이는 눈물을 떨구며 나즈막히 말했다.

"중학교 3학년 때, 처음으로 반에서 20등 밖으로 밀려났어요. 지금은 그 정도만 돼도 감지덕지겠지만. 아무튼 그때 엄마가 성적표를 보며 땅이 꺼질 듯 크게 한숨을 쉬셨어요. 엄마도 나를 멍청하다고 생각하는데, 친구들은 더하겠죠. 저는 공부 잘하는 친구가 멋있는데 그런 친구들은 저를 별로 좋아하지 않아요. 그래서 친해지려고 맛있는 걸 많이 만들어 선물하곤 했어요. 제가 요리는 자신 있으니까요. 하지만 얼마 후면 대부분 매니저님처럼 제 선물을 거부해요. 사실은 공부도 못하고 멍청한 제가 싫은 거죠."

매니저는 세진이의 얘기를 듣고 깜짝 놀랐다. 공부 얘기만 나오면 풀이 죽는 것이 그저 낮은 성적 때문이겠거니 하고 대수롭지 않게 여겨 왔다. 그런데 세진이의 상처는 더 깊고 심각했다. 세진이의 마음속 저편에는 깊은 열등감이 자리 잡고 있었다.

"세진아, 오늘부터 매니저가 너와 하고 싶은 일이 있어. 자, 플래너를 꺼내 보렴."

"오늘은 고민이 많아 기분이 별론데…… 그런데 뭘 하는 거예요?"

"먼지 털기!"

"무슨 먼지요? 매니저님 방을 청소하자는 거예요?"

"아니, 지금부터 세진이의 머릿속을 청소할 거야."

"제 머릿속을요?"

"이제부터 매일 매니저를 만나면 플래너를 꺼내서 거기에 오늘 세진이를 힘들게 한 고민을 적어 보는 거야. 매니저가 무조건 편들어 줄게. 10분만 딴생각은 모두 버리고 함께 고민해 보자. 그 대신 딱 10분이야. 10분이 지나면 플래너를 탁탁 두들겨서 모두 털어 버려. 그리고 씩씩하게 학습실로 공부하러 가자. 해야 할 공부가 아주 많으니까 말이야."

"맞아요. 제가 공부를 너무 못해서 할 게 많죠."

"그래. 세진이가 공부를 잘하는 학생은 아니지. 그런데 매니저가 아주 좋아하는 학생인 것은 분명해."

"매니저님이 저를 좋아하신다고요?"

"그럼, 다른 누구보다도 세진이를 많이 좋아하는걸. 너처럼 상냥하고 남을 배려할 줄 알고, 예의 바른 사람을 싫어할 사람이 있을까? 너를 알게 되어 나는 아주 기뻐. 세진아."

"혜혜, 저도 기뻐요. 사실은 어제 매니저님이 제게 무뚝뚝하게 인사하시는 것 같아서 오늘 학교에서 내내 마음이 무거웠어요. 그런데 지금 매니저님 말씀을 듣고 나니 마음이 가벼워졌어요. 오늘은 열심히 공부할 수 있을 것 같아요."

세진이의 꿈, 요리사

세진이의 공부에는 허점이 많았다. 연근처럼 군데군데 빈 구멍이 뚫려 있어 깊이 있는 공부를 하기 어려웠다. 그리고 그 구멍을 채우고 있는 것들은 세진이의 사소한 걱정들이었다.

공부를 잘하고 싶고, 그래서 엄마와 친구들에게 인정을 받고 싶다는 고민들이 역설적이게도 세진이의 공부를 방해하는 가장 큰 적이었다. 자신이 공부를 잘할 수 없는 바보라는 생각도 세진이의 성장을 가로막는 걸림돌이었다.

매니저는 세진이가 자신감을 가질 수 있는 방법을 생각했다. 상담 때마다 매니저는 지난주에 비해 세진이가 더 좋아진 점들을 조목조목 짚어 주었다. 그러자 칭찬에 약한 세진이는 조금씩 변했다.

한번은 세진이가 무심결에 노트에 문제 풀이 과정을 적어 갔다가 매니저에게 칭찬을 받은 적이 있었다. 그때부터 세진이는 다시는 예전처럼 설렁설렁 문제를 풀지 않았다.

며칠 뒤, 매니저는 세진이와 미래에 대해 상담을 진행했다.

"세진아, 오늘은 구체적으로 전공 학과나 대학에 대해서 이야기를 나눠 보자."

"매니저님, 지금 제 성적으로 갈 수 있는 대학이 있을까요?"

"당연하지. 그건 말할 것도 없고, 우선 세진이가 하고 싶은 것을 찾는 것이 더 중요하지."

"사실 저도 하고 싶은 것은 있어요. 할 수 없을 것 같아서 얘기하지 않았지만요."

"그래? 뭔데?"

"요리사가 되고 싶어요. 식품영양학과나 조리학과에 간다면 잘할지는 몰라도 열심히 할 수는 있을 것 같아요."

"그래. 정말 너에게 어울리는 전공이다. 우리 함께 길을 찾아 보자."

"저처럼 멍청한 애가 잘할 수 있을까요? 안 될 것 같은데……."

"할 수 있어. 확신해. 분명히 말하는데, 돼! 앞으로 남은 기간 동안 지금보다 더 노력한다면 안 될 이유가 없지. 너, 나 못 믿니?"

"매니저님처럼 똑똑한 사람을 왜 못 믿어요? 저를 못 믿는 거죠."

"나는 너를 믿고 된다고 하는 건데?"

목표를 정하자 새로운 각오로 세진이의 두 눈이 반짝였다.

특급 미션

구멍이 숭숭 뚫린 세진이의 공부를 채워 가기 위해서는 인내심과 여유가 필요했다. 남들은 선행으로 속도를 내 달리고 있을 때, 세진이는 아래 학년 진도부터 다시 시작해야 했다. 그래서 다른 친구들이 진도를 빨리 빼 주는 학원에서 세차게 책장을 넘길 때, 세진이는 한 단원을 한 달 이상 반복한 적도 있었다.

세진이는 같은 진도를 반복하고 또 반복하면서 이 한 단원만 수능에 나온다면 서울대도 문제없겠다는 생각을 했다. 실로 오랜만에 느껴 보는 자신감이었다.

그러다가 이렇게 한 단원만 반복해서야 그 많은 공부를 어떻게 감당할까 걱정하는 자신을 보고 세진이는 또 깜짝 놀랐다. 걱정이 전공인 세진이지만, 더 많이 공부하지 못해서 고민해 본 적은 이제껏 없었기 때문이었다.

그렇게 한 달간 반복 수행을 하면서 세진이의 마음속에는 더 많이 공부해야 한다는 새로운 고민이 싹트고 있었다. 세진이는 완벽하게 공부한다는 것이 어떤 의미인지 서서히 깨치고 있었다.

이렇게 변하고 있는 세진이지만 여전히 쓸데없는 고민을 온전히 떨쳐 내지는 못했다. 유난히 마음이 들뜬 날에는 공부에 집중하지 못하는 버릇도 여전했다.

하지만 세진이의 일일계획표의 앞쪽에는 빨간색 하트로 표시된 계획이 생겼다. '특급 미션'을 의미하는 표시였다. 그것은 바로 아무리 걱정이 많아도, 기분이 우울해도 그날의 공부는 미루지 않겠다는 매니저와의 약속이었다.

그 전까지 세진이는 일주일 중 절반 이상을 '도저히 공부에 집중할 수 없는 날'로 선언하고, 그날들을 걱정과 한숨으로 흘려보냈다. 하지만 특급 미션이 생긴 뒤로는 매니저의 단호한 표정에 눌려, 세진이는 꼬박꼬박 그날의 계획을 이어 나갔다.

"세진아, 지난번에 세진이가 찜했던 대학교 사진을 구해 놨어. 세진이가 요즘처럼만 공부한다면 꼭 그 학교에 다니고 있는 세진이를 만날 수 있을 거야. 우리 쿠키를 만들 듯 신 나게 공부하자."

아직도 세진이는 쓸데없는 곳에 시간을 낭비할 때가 많다. 잔걱정도 모두 버리지는 못했고, 먹고 싶어서 만들었다며 컵케이크를 싸 들고 오기도 한다. 그러면서도 해야 할 일은 해 내려고 노력한다는 점이 달라졌고, 가슴 뛰는 목표가 생겼다.

여전히 갈 길은 멀었다. 시간 낭비도 반복되었다. 적어도 2시간 이상은 투자해야 만들 수 있을 것 같은 형형색색의 꽃편지도 가끔 보내왔다. 매니저님이 너무 좋다는 사랑 고백으로 가득한 그 연서를 받을 때마다 매니저는 가슴 깊은 곳이 알싸하게 아파 왔다.

▶▶ 타입 프로파일 ◀◀

대표 입말	"고민이 있어요."
공부 행동	공부를 하려고 앉지만, 주변에 신경 쓰이는 것이 많아 제대로 공부에 집중할 수가 없다. 주변에서 볼 때는 책상에 앉아 공부를 하는 것처럼 보이지만, 멍하니 딴생각을 하는 경우가 많다.
성격	인간성이 좋고 사람을 좋아하는 사교적인 학생이다. 그러나 자신감이 부족해 주변 사람의 의미 없는 말과 행동에도 쉽게 상처를 받고 고민을 한다.
스트레스 원인	잘하고 싶은 마음으로 노력해 보지만, 좋은 결과를 만든 적이 없어 자신감이 부족한 것이 모든 스트레스의 원인이다. 주변 사람들의 말이나 행동에 과도한 의미를 부여하고, 그것에 대하여 지나치게 신경을 쓰는 일이 많아, 일상에 기본적으로 스트레스가 많다.

배경지식을 쌓아라

―

1. 머릿속 고민을 털어라

해야 할 일이 산더미처럼 쌓여 있더라도 신경이 쓰이는 일이 있으면 멍하니 딴생각을 하게 된다. 누구나 그런 경험은 있다. 하지만 대부분의 사람들은 현실 속에서 균형을 잡을 수 있다.

그런데 이런 고민이 매일 생기는 사람은 어떨까? 매일 해야 할 일을 마무리하지 못했는데 다음 날이 되면 다시 새로운 할 일이 추가된다. 이런 시간이 쌓이다 보니 고민이 없는 날도 해야 할 일을 수행하는 데 필요한 과정이 준비되지 않아 또 제대로 수행하지 못한다. 이런 악순환을 끊어 버리려면 머릿속 고민부터 없애야 한다.

자기만의 작은 메모장을 준비해서 공부를 시작하기 전, 마음에 담아 둔 일들을 나열해 보자. 그리고 공부를 마친 뒤, 메모한 내용을 생각하자. 지금부터 두 시간은 온전히 계획한 공부에 집중하는 시간이다.

2. 모르는 단어나 용어를 내 것으로 만들어라

누구나 공부를 하던 중 잘 이해되지 않는 내용이 있다. 그 이유는 첫째, 모르는 단어나 용어가 포함되어 있거나 둘째, 새로 공부하는 내용을 이해하는 데 필요한 배경지식이 부족하기 때문이다.

이때 이해되지 않는 부분을 내 것으로 만들기 위해 어떤 노력을 하는지가 중요하다. 모르는 단어나 용어가 있다면 사전을 찾는 것만으로도 가능하지만, 배경지식이 부족하다면 이를 이해하기 위한 학습부터 시작해야 한다. 제대로 이해하는 학습을 하기로 결심했다면, 이제는 모르는 단어나 용어를 내 것으로 만드는 것부터 실천해 보자.

3. 공부할 내용이 무엇인지를 정하는 것부터 시작하자

한정된 시간을 효과적으로 쓰는 가장 좋은 방법은 무엇일까? 바로 해야 할 일의 우선 순위를 정해 가장 시급하고 중요한 일부터 실행하는 것이다.

우선 매일 공부를 시작하기 전에 오늘의 공부 리스트를 작성하자. 공부 리스트에는 과목, 교재, 시간, 분량이 모두 들어가야 한다. 리스트를 작성한 후에는 과목 및 학습 내용의 중요성을 따져 우선 순위를 정한다.

그런 다음, 오늘 학습할 수 있는 시간을 고려하여 실천해 보자. 중요한 일이 밀리는 것을 방지할 수 있으며, 일정 분량을 학습하는 데 필요한 학습 시간도 파악할 수 있다.

공감의 말로 정서를 안정시켜라

—

유리구슬 타입의 학생은 타인에게 동정적이며 따뜻한 마음을 행동으로 나타낸다. 겸손함이 지나쳐 자신이 잘하는 일은 당연한 것이라 여기고, 자신이 부족한 부분을 더 심각하게 생각한다.

기본적으로 자신을 과소평가하는 경향이 있고, 자존감이 낮아 이렇게 부족한 자신을 주변 사람들이 어떻게 생각하는지에 대하여 굉장히 민감하다. 주변인에 민감하기 때문에 타인의 반응에 따라 감정이 쉽게 상하는 한편, 다른 사람들이 기뻐하는 일에 공헌하는 것에도 관심이 많다.

이렇게 여린 감수성으로 굳은 의지와 단호한 실천력이 필요한 공부를 하기란 쉽지 않다. 다른 사람의 말에 쉽게 동기 부여되어 공부에 의욕을 보이기도 하지만, 쉽게 달아오른 만큼 빨리 의욕을 상실한다. 특히 공부에 흥미를 잃게 되는 것도 이성적인 사고를 지닌 사람들로서는 받아들이기 힘든 온갖 비합리적 원인들 때문이다.

유리구슬 타입인 학생의 행동을 바꾸기 위해서는 일단 그들의 정서를 이해해야 한다. 그런데 이때 부정적이고 가차 없는 피드백은 오히려 학생의 마음을 닫게 만들어 어떤 이성적 조언도 무용지물이 될 수 있다. 그러므로 학생의 마음에 가득 들어찬 불안과 슬픔을 이해하는 공감의 말로 학생의 정서를 안정시키는 과정이 필요하다. 직설적인 말투는 그 말이 가진 형식만으로도 상처를 줄 수 있기에 완곡하고 따뜻한 표현이 적합하다.

하지만 궁극적으로 학생에게 불안과 불행을 느끼게 하는 온갖 비합리적 원인들은 반드시 해결되어야 한다. 이에 인내심을 갖고 누군가가 지속적으로 지원한다면 유리구슬 타입의 학생에게 큰 도움이 된다.

고민 정리하기

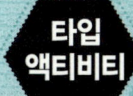

⊙ 공부하는 동안 집중할 수 있도록 아래의 두 가지 활동을 해 보자.

1단계 머릿속 고민 정리하기

휴지통에 버리고 싶은 고민들을 모두 메모지에 적어 보자.

2단계 오늘의 미션 정하기

성장하고 싶은 영역별로 나를 성장하게 도와줄 멘토와 그 멘토의 배울 점을 적어 보자.

[월   일   요일]

과목	교재	분량	오늘의 미션 ★ 표시

감정을 다스리는 나만의 방법을 찾아라

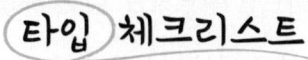 체크리스트

아래 체크리스트는 모두 10개의 문항으로 구성되어 있다.
자신에게 맞는 문항에 체크해 보자.

☐ 사람들은 나를 잘 이해하지 못한다.

☐ 사람들에게 틱틱거리는 편인데, 그런 행동에는 다 이유가 있다고 생각한다.

☐ 갑자기 걷잡을 수 없이 짜증이 나는 경우가 있다.

☐ 짜증이 나면 감정을 숨기지 않고 표현한다.

☐ 공부를 하다가도 짜증이 나면 공부하기를 그만둔다.

☐ 열심히 공부해도 결과가 좋지 않을 거라는 생각에 공부하기 싫을 때가 많다.

☐ 개념을 꼼꼼히 공부하기보다는 문제 풀이를 하는 것이 훨씬 도움이 된다.

☐ 친구들이나 선생님들이 일부러 나를 골탕 먹이고 있다는 생각이 가끔씩 든다.

☐ 부모님은 내 마음을 완전히 이해하지 못한다.

☐ 부모님은 시험 결과만 볼 뿐, 내가 얼마나 노력했는지에 대해서는 관심이 없다.

☑ 8개 이상 : **Type13**이 확실해요.

5~7개 : **Type13**이 의심됩니다.

5개 미만 : **Type13**이 아니군요.

"죽고 싶어요"

___

매일 짜증 나는 원영이

원영이의 어머니는 매니저에게 원영이를 맡긴 첫날 한마디만을 남기고 갔다.

"두들겨 패도 좋습니다. 아마 그렇게 될 겁니다."

매니저는 어머니의 인사가 당황스러웠지만 애써 내색하지 않은 채 원영이에게 반갑게 인사를 건넸다. 그런데 원영이 역시 매니저에게 냉담한 한마디만을 건네고 입을 다물었다.

"아이, 짜증 나."

이후로도 원영이의 버릇없는 말투는 계속되었다. 하지만 매니저도 한 번 놀랐지, 두 번은 놀라지 않았다.

"원영아, 오늘은 시험 계획을 세워 보자. 기말고사 준비하려면 작전이 필요한데, 매니저가 도와줄게."

"아, 짜증 나. 시험은 왜 이렇게 자주 돌아오지? 그리고 무슨 시험을 일주일씩이나 보냐? 선생들이 수업하기 싫으니까 괜히 시험 기간만 길게 잡은 거면서."

혼잣말인지 매니저에게 하는 말인지, 애매한 반말들이 연달아 튀어

나왔다.

"원영아, 너도 시험이 기간 긴 것을 싫어하는 타입이구나? 나도 그래. 매니저도 학교 다닐 때, 시험 기간이 너무 길어서 지겨웠거든. 그런데 다른 친구들은 공부를 다 못했다면서 하루에 한 과목씩만 봤으면 좋겠다고 그러는 거야. 진짜 사람마다 생각이 다 다른가 봐. 그런데 원영이는 나랑 비슷하니 반갑네."

"그럼 매니저도 공부 못했겠네요? 공부 잘하는 애들은 다 시간이 모자란다고 걱정하던데……."

"하하하, 그렇게 되나? 내가 아주 공부를 악독하게 잘하지는 못했지만, 그래도 아예 못하는 편은 아니었어. 사실은 그럭저럭 꽤 잘했어. 원영이 너도 나랑 비슷한 타입이니까, 잘할 수 있을 거야. 매니저랑 함께 지겹지 않게 계획을 잘 잡아 보자."

"매니저나 혼자 실컷 잘해 봐요. 매니저가 나에 대해서 뭘 안다고 그래요? 뭐가 나랑 비슷하다는 건지. 내가 무슨 고민이 있는지 알기나 하면서 그런 소리를 함부로 하는 거예요? 정말 어이없어!"

원영이는 두 가지 측면에서 매니저가 알고 있는 학생 중에서 으뜸을 차지했다. 가장 순식간에 예민하게 반응해 화를 낼 수 있다는 점, 그리고 가장 싸가지 없는 말을 구사한다는 점이다.

매니저는 화를 내는 대신 원영이에게 오히려 환하게 웃어 주었다. 그리고 사과했다.

"매니저가 너의 기분이 어떤지 모르고 너무 급하게 서둘렀지? 미안. 그리고 너에 대해 잘 모르면서 나랑 닮았다고 한 것도 미안. 왠지 원영이가 친근해서 그랬던 건데, 나랑 닮았다고 해서 네가 그렇게 화를 낼 줄 몰랐네. 야, 나랑 닮았다고 한 게 그렇게 억울했어? 아우, 자존심 상해. 흐흐."

매니저의 쿨한 반응에 원영이는 잠깐 말을 잃었다. 짜증도 잠시 접고 놀란 눈으로 매니저의 웃는 얼굴을 바라볼 뿐이었다.

예민한 고슴도치

며칠 뒤 원영이는 학습실에서 울고 있었다. 분위기로 미루어 심각한 일이 벌어진 것 같았다. 매니저는 급한 마음에 당장 원영이를 불러 이유를 물었다.

"엄마가 너무 싫어요. 언니만 좋아하고 항상 나만 싫어해요. 게다가 아빠는 완전 더 싫어요. 아예 말이 안 통해. 아, 짜증 나. 난 왜 이런 집에서 태어났을까!"

원영이는 코를 풀다가 다시 '짜증 나'라는 말을 연발하며 울고 또 울었다.

"원영아, 도대체 무슨 일이기에 불같이 화를 내는 거니. 응?"

"오늘 학교에서 열이 너무 나고 목도 아프고 기침까지 나서 집까지 겨우 갔거든요. 그런데 엄마는 이렇게 아픈 나를 쳐다보지도 않고 딴 짓만 하고 있는 거예요. 뭐 중요한 일이라도 하나 봤거든요? 그런데 뭔지 알아요? 언니가 먹을 죽을 끓이느라 그런 거였어요. 언니가 배 아프다고요. 나도 아파 죽겠는데 말이죠."

"……"

원영이는 분에 못 이겨 말을 이었다.

"매니저도 생각해 봐요. 얼마나 어이없겠나. 너무 짜증나서 엄마한테 '나도 아프다'고 막 소리를 질렀거든요. 그런데 엄마가 뭐라고 하는지 아세요? 내가 언제 안 아픈 적이 있었냐며 또 시작이라고 하더군요. 아마 엄마는 내가 아파서 죽는다고 해도 언니 죽만 끓일 거예요. 그래서 언니랑 잘 살아 보라고 소리 지르고 집을 나온 거예요."

매니저는 원영이의 머리를 짚어 보았다. 열은 없었다. 원영이의 손을 잡고 약국에 가 레몬향이 나는 비타민 과립을 사서 손에 쥐어 주었다. 가시를 세운 고슴도치처럼 날카로웠던 원영이의 표정이 누그러졌고, 눈물이 그쳤다. 다행히도 신경질이 조금 가라앉은 듯 보였다. 매니저는 원영이의 손을 꼭 잡고 웃어 주었다.

"원영아, 아프지 말고 이거 먹고 힘내. 알았지? 매니저는 고향이 지방이라 부모님과 떨어져 살거든. 그런데 혼자 아플 때가 제일 서럽더라. 아프면 너무 서러워. 그렇지?"

원영이는 겨우 진정이 되었다. 하지만 며칠 뒤 원영이는 또다시 심각한 표정으로 매니저를 찾았다.

"매니저님, 저 고민이 있어요. 너무 억울해서 아무 일도 손에 잡히지 않고 화만 계속 나요."

매니저와 마주 앉자마자 원영이는 눈물부터 흘리기 시작했다.

"우리 반에 정아라는 애가 있거든요. 정말 이상한 애예요. 매니저도 알죠? 반마다 이상한 애 하나씩 있는 거. 느낌에 걔가 다른 애들한테 자꾸 제 욕을 하는 것 같았어요. 참다 못한 저는 우리 반 애들끼리 모이는 인터넷 카페에 정아의 욕을 좀 썼어요. 그런데 어떻게 됐는지 알아요? 엄청 많은 애들이 제 글에 악플을 단 거예요. 모조리 저를 다 욕하더라고요. 아, 어이없어. 잘못은 정아가 했는데, 왜 나한테 그러냐고요. 정말 학교는 토 나오는 곳이에요."

원영이는 이렇게 자신의 신경을 건드리는 일이 있을 때마다 학교에 다니기 싫다며 짜증을 되풀이했다. 어머니의 말에 따르면 사춘기가 시작되면서 원영이의 성격도 극단적으로 변했고, 그 시기와 맞물려 원영이의 학교 등교 거부론도 대두되었다.

원영이와 부모님의 갈등도 이 무렵 더 심각해졌다.

"쓸데없는 것만 가르치고, 짜증 나는 애들로 가득 차 있고, 성적으로 들들 볶아 대는 학교에 왜 가야 한다는 말이에요? 그 시간에 혼자 공부하는 것이 훨씬 더 낫겠어요."

처음에는 부모님도 이런 원영이를 앉혀 놓고 차근차근 설득했지만 영원이는 막무가내였다. 하지만 아빠의 설교가 시작되는 순간마다, 원영이는 방문을 '쾅'하고 닫고 자기 방으로 들어갈 뿐이었다.

이렇게 원영이는 부모님의 말씀에 귀를 막으면서도, 반대로 부모님이 자신의 말을 귀담아 듣지 않는다고 느낄 때마다 더 심하게 어깃장을 놓고 시비를 걸었다.

원영이에 대한 인내심이 폭발한 엄마는 이제 "두들겨 패도 좋다"는 면책권과 함께 원영이를 매니저에게 맡긴 것이었다.

원영이의 자살 기도

오늘도 원영이는 등원하면서부터 울상이었다. 오늘 하루도 엉망진 창이라며 매니저가 말도 꺼내기 전에 책상에 엎어져 흐느꼈다. 학교 를 그만두는 문제로 또다시 엄마와 1차전을 치르고 왔다는 것이었다.

"제가 집을 나가겠다고 한 게 아니라, 학교를 그만둔다고 했어요. 도저히 엄마하고는 말이 안 통해요. 언니가 학교를 그만둔다고 했으 면 아마 그러라고 했을걸요? 엄마는 언니 얘기는 잘 들어주니까. 아, 짜증 나."

막무가내인 원영이를 보면서 매니저는 이 문제를 어떻게 풀어 나 갈지 고민스러웠다.

그날 밤 12시. 원영이에게서 전화가 걸려 왔다. 집에서 쫓겨났다 는 것이었다. 집에 돌아가자마자 다시 엄마에게 그 얘기를 꺼냈더니 듣고 있던 아빠까지 나서서 원영이에게 소리를 지르기 시작했다. 마 침내 원영이는 "내 인생인데 왜 참견이냐"고 말해 아빠에게 뺨을 맞 았다.

원영이는 분을 참지 못해 자기 방에 들어가 112에 신고했다. 곧 경 찰이 출동해 아빠를 조사했고, 경찰은 부모와 자식 간의 사소한 언쟁 으로 사태를 종결 짓고 돌아갔다. 그러자 분노와 허탈감에 빠진 부모 님은 원영이를 집에서 내쫓은 것이었다.

"원영아, 일단 어두운 놀이터 구석에서 울고 있는 건 위험하니까 근처 파출소에 가 있으렴."

걱정스러운 마음에 매니저는 원영이를 차근차근 설득했다. 그리고 이내 원영이의 부모님께 이 사실을 알렸다.

다음 날 원영이는 나타나지 않았다. 대신 원영이로부터 매니저에게 메일이 한 통 도착했다.

"매니저님, 그냥 사는 것이 의미 없고 싫어요. 집도, 엄마 아빠도, 학교도, 친구들도 모조리 싫어요. 모두가 싫어서 화를 내면, 사람들은 나보다 더 크게 나한테 화를 내요. 오직 매니저님만 내가 화를 내도 화를 내지 않았어요. 매니저님이 그리울 거예요."

원영이는 메일 한 통을 남기고, 그다음 날도 나타나지 않았다. 며칠을 더 기다려도 오지 않았다. 매니저가 집으로 전화를 걸어도 아무도 전화를 받지 않았다.

일주일 후, 드디어 원영이의 어머니에게서 전화가 왔다. 원영이가 자살을 기도했다는 것이었다. 어디서 모은 것인지 알 수 없는 수면제를 한 통이나 삼켰다고 했다. 다행히도 원영이는 목숨에 지장이 없었다. 하지만 살아남은 원영이보다 남아 있는 식구들이 더 큰 상처를 입었다. 어머니는 깊은 한숨을 내쉬며 말했다.

"위를 씻어 내고 나서 지금은 신경과에 입원 중이에요. 일주일 동안 말을 잃었는데 그 모습을 보고 있자니 차리리 매일 찡얼거리며 울고불고 할 때가 나았던 것 같아요. 학교는 아무래도 보내기 어렵겠죠? 지금은 집중 치료가 필요한 상태라 잠시 쉬고, 안정이 된 후에 검정고시라도 보게 해야죠."

안타까운 마음에 매니저도 제대로 대답할 수 없었다.

며칠 뒤, 원영이의 어머니에게서 다시 전화가 왔다.

"매니저님, 오늘 아침에 원영이가 일주일 만에 입을 열었어요. 첫 마디가 이제 학교는 가기 싫다는 거였어요. 공부를 다시 해도 매니저님이랑 할 거라네요. 원영이가 안정이 되면 조만간 다시 연락 드릴게요."

매니저는 오늘도 원영이를 기다리고 있다.

▶▶ 타입 프로파일 ◀◀

대표 입말	"아, 짜증나!"
공부 행동	장시간 집중하여 공부하는 것은 물론, 공부를 시작하기도 힘들다. 학교에서 겪은 일이 계속 마음을 불편하게 하고, 공부를 하다가도 마음에 들지 않는 일이 생기기 일쑤이다. 그래서 오늘도 공부하던 책을 덮는다.
성격	감정 기복이 커서 짜증과 화를 잘 낸다. 자기 기분을 숨기지 않고 있는 그대로 표현하므로 주변 사람들에게 자주 틱틱거리며, 말을 삐딱하게 하는 편이다. 이런 상황이 반복되면 학생은 자신과 세상을 비관적으로 바라보게 되니, 주의가 필요하다.
스트레스 원인	스트레스의 원인을 꼬집어 말할 수 없다. 다른 학생들보다 예민한 편인 학생은 불편한 마음이 쌓이면 감정을 주체하지 못하고 표출하게 되는데 다른 사람들은 그 상황이 갑작스러워 학생의 반응을 이해하지 못한다.

차분한 자세로 공부에 집중하라

---

1. 감정 정리가 우선이다

감정 기복이 심하여 평정심을 유지하지 못하는 예민이 타입의 학생은 공부를 지속하기 힘들다. 그래서 자기 능력의 70~80퍼센트 정도 밖에 공부하지 못한다. 이런 경우 공부를 시작하기 전에 마음을 불편하게 만드는 상황과 감정을 정리하는 것이 우선이다.

스터디 플래너에 공부할 목록을 적기 전에 오늘 하루의 감정을 먼저 적어 보자. '아침에 짝꿍이 내 인사를 씹어서 짜증 난다', '방정식을 푸는 방법을 제대로 가르쳐 주기도 전에 문제를 풀어 보라고 하다니 선생님이 이상하다', '그것도 모자라 앞으로 불러내 문제를 풀어 보라며 반 친구들 앞에서 망신을 주었다' 등 감정을 상하게 만드는 여러 상황을 하나씩 나열하는 것만으로도 짜증을 해소하는 데 도움이 된다.

2. 수학, 부족한 부분은 후행 학습 후 개념과 공식을 노트로 정리하자

계통 학습인 수학은 이전 학년의 학습이 어느 정도 되어 있느냐에 따라 공부의 성취도가 달라진다. 그래서 수학 공부의 관건은 '내 공부의 부족한 부분을 어떻게 채울 것인가'이다.

여기서 부족한 영역 찾기는 시험 결과로도 알 수 있지만, 간단하게 이전 학년의 문제를 풀어 보며 스스로 확인할 수 있다. 부족한 단원을 확인한 후에는 해당 개념과 공식을 따로 노트에 정리하여, 연결 단원을 학습하기 전에 반복해서 내용을 익혀야 한다. 수학을 잘하기 위해서 필요한 것은 무작정 문제를 많이 푸는 것이 아니다.

3. 시험 시간을 제대로 활용하자

시험을 치른 후 시험 결과를 분석한 경험이 있는가? 시험은 주어진 범위의 학습 상태를 점검하는 과정으로 시험 결과를 분석하면 나의 학습 상태가 어떠하며, 무엇을 보완해야 하는지를 알 수 있다. 더불어 시험을 치르는 태도를 분석하여 보완점을 찾을 수도 있다.

정해진 시간 내 문제를 풀어 최선의 결과를 만드는 것이 시험이다. 시험 시간을 효율적으로 사용하기 위한 세 가지 방법을 실천해 보자.

1) 시험 문제를 풀기 전, 문제를 훑어보며 문제 유형, 서술형 문제의 문항 수 등을 확인한다.

2) 빠르게 해결할 수 있는 쉬운 문제부터 풀이를 시작한다.

3) 전체 시간을 분배 후, 시험 중간 시간을 확인한다.

지지하고, 칭찬하고, 격려하라

—

예민이 타입의 학생은 일상에 불평과 울분이 많다. 작은 짜증이 걷잡을 수 없는 분노로 번지는 것도 순식간이기에, 주변 사람들도 그 격한 감정의 변화를 힘겨워한다.

사춘기 청소년들은 감정을 행동으로 바로 표출한다. 마음이 힘들면 몸이 달라지는 것이다. 지나치게 많이 자거나, 많이 먹거나, 꼼짝도 않거나 하는 행동의 밑바닥에는 불안과 슬픔이 도사리고 있는 경우가 많다. 그 마음으로 공부에 열중하기는 어렵다. 대충 하는 척만 하게 되니 성적은 늘 중하위권을 맴돈다.

더 위험한 것은 이러한 무기력이 '부정적인 자기 예언적 성찰'이라는 것을 만드는 것이다. 쉽게 말해, 지금까지의 실패를 거울 삼아, 앞으로도 틀림없이 잘 안 될 것이라는 확신을 품게 되는 것이다. 공부에 있어서도, 관계에 있어서도 학생의 머릿속에는 비관적 신념이 가득한데, 하루하루가 재미있고 활기차기란 어려운 일이다.

예민이 타입의 학생이 가장 먼저 깨뜨려야 할 것은 이러한 부정적 자기 확신들이다. 격한 분노 속에서 자신이 만들어 낸 오해들이 진실과 거리가 멀다는 사실을 명확히 깨우쳐 줄 필요가 있다. 원영이와 같이 모두가 언니만을 사랑한다는 확신도 일례다.

하지만 그것을 바로잡겠다고 학생을 윽박지르는 것은 결코 도움이 되지 않는다. 관심 받고 싶어서 일부러 버르장머리 없이 구는 아이에게 가혹한 회초리를 휘두르는 것과 같다. 그것이 어떤 원인에서 비롯된 것이든, 가족 전체는 예민이 타입의 학생을 섬세하게 보듬으며 지지하고, 칭찬하고, 격려해야 한다.

짜증과 분노가 지속적인 우울감으로 발전하고 있다면 전문가의 도움이 필요할 수도 있으므로 주의 깊게 관찰해야 한다.

스트레스 파악하기

타입 액티비티

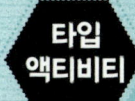

⊙ 불안한 마음이 있으면 학습에 집중하기 어렵고 부정적인 자기 인식이 쌓이게 된다. 휴지통에 버리고 싶은 고민들을 모두 메모지에 적어 보자.

스트레스 상황, 감정과 현상을 구분하기

나의 HOT ISSUE

'감정'으로 느낌

'현상'으로 분석

TYPE
15

자기 세상 밖으로
한 걸음만 내디뎌 보자

마니아

자유롭고
모험이 넘치는
내 세상에서만
살고 싶어.

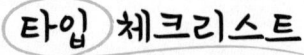 체크리스트

아래 체크리스트는 모두 10개의 문항으로 구성되어 있다.
자신에게 맞는 문항에 체크해 보자.

—

- ☐ 취미 활동에 깊이 빠져 있어서 일상 생활에 해가 된다.

- ☐ 취미 활동 때문에 부모님께 크게 혼난 적이 많다.

- ☐ 좋아하는 분야에서는 전문적인 지식을 가지고 있다.

- ☐ 일반적이지 않은 용어를 사용하는 경우가 종종 있다.

- ☐ 학교 공부를 중요하게 생각하지 않는다.

- ☐ 다른 사람의 기분을 잘 이해하지 못한다.

- ☐ 취미와 연관된 인터넷 카페 활동을 열심히 한다.

- ☐ 밤을 새며 취미 활동을 하는 경우가 많아서 학교 수업 시간에는 거의 잠을 잔다.

- ☐ 깊은 이야기를 나누는 친구가 거의 없다.

- ☐ 취미 활동 외에 의지를 가지고 하는 일이 거의 없다.

▲

☑ **8개 이상** : **Type15**가 확실해요.

5~7개 : **Type15**가 의심됩니다.

5개 미만 : **Type15**가 아니군요.

그들이 사는 세상

블랙홀 같은 판타지 세계

책상에 앉아 있는 영준이는 오늘도 깊은 생각에 잠겨 있었다. 매니저가 다가가도 알아채지 못했다. 문제를 풀고 있는 중일까? 매니저가 고개를 숙여 영준이의 얼굴을 들여다보니 눈을 감고 있었다. 어깨를 흔들었더니 아주 천천히 매니저를 올려다봤다. 하지만 영준이의 눈에는 초점이 없었다.

매니저를 만난 후 일주일이 지났다. 그동안 영준이가 한 공부량은 아주 적었다. 계획은 세웠지만 아무 의미가 없었다. 영준이는 책상 앞에서 거의 잠만 잤다. 깨어 있는 시간에는 멍하니 있거나 창밖을 내다보기 일쑤였다. 뭔가 이 공간 안에서 숨 쉬는 것이 몹시 어색해 보였다.

영준이가 '판타지 세계'에 발을 들여놓게 된 것은 중학교 1학년 때였다. 모든 파국이 사소한 계기로 시작되듯, 영준이 역시 짝꿍의 책상 위에 놓인 책 한 권을 집어 들었을 뿐인데 모든 것이 바뀌었다. 그저 친구들과 뛰어 노는 것을 지상 최대의 낙으로 알았던 명랑한 초등학생이 중학생이 된 어느 여름, 갑자기 새로운 세상에 눈을 뜨게 된 것이다.

친구가 빌려 준 그 소설 속에서는 지금까지 영준이가 살아온 13년의 좁은 세상과는 비교할 수 없을 정도로 어머어마한 사건들이 벌어지고 있었다.

부모님은 천방지축 날뛰던 사내 아이가 어느 날부터 책을 손에 쥐기 시작했으니 무턱대고 반가웠다. '스스로 공부할 줄 아는 학생의 첫 번째 습관이 책을 읽는 것이라는데. 우리 영준이가 드디어 철이 들기 시작했구나'라고 생각했다. 쫓아다니며 책을 손에 쥐어 주어도 내던지던 아들이 스스로 책에 빠져들었으니, 엄마는 아들의 '책 읽는 풍경'을 바라보기만 해도 행복했다.

엄마는 대견한 마음에 영준이가 주문하는 수십 권의 책을 여러 차례에 걸쳐 사다 날랐다. 『데모닉』, 『룬의 아이들 윈터러』, 『SKT』, 『폴라리스 랩소디』, 『묵향』, 『이드』, 『더 로그』, 『탐그루』, 『세월의 돌』, 『옥스타칼리스 아이들』……

모두 제목만 보고서는 어떤 내용인지 도무지 알 수 없는 책들이었다. 하지만 엄마가 책 표지의 글귀를 봤을 때, 적어도 음란 서적은 아니라는 판단이 되어 일단은 안심했다. 오히려 책 뒷면에 적힌 한 줄 서평을 읽고 흡족했다. '상상력의 최대치를 넘어선다', '작가의 철학적 고찰이 깊은 울림을 남긴다' 등의 찬사가 적혀 있었기 때문이다. 하지만 이 흐뭇함이 불안감으로 바뀌는 데는 오랜 시간이 걸리지 않았다.

어느날 새벽 4시, 우연히 눈을 뜬 엄마는 영준이의 방에 불이 켜져 있는 것을 발견하고 살며시 방문을 열었다. 그런데 엄마의 기척도 듣지 못한 채 영준이가 그때까지 책을 읽고 있는 것이 아닌가! '영준이의 인생을 통틀어 이 시간에 깨어 있었던 적이 과연 몇 번이나 있었을까'라는 생각마저 들었다.

그 정도는 약과였다. 며칠 뒤 아침, 엄마는 영준이를 깨우러 방에 들어갔다. 그런데 영준이는 아침이 온 줄도 모른 채 책을 읽고 있었다. 놀란 엄마의 얼굴을 멀거니 바라보며 영준이는 어리둥절한 표정으로 물었다.

"엄마, 지금이 몇 시야?"

그런 날들은 반복되었다. 어느 새 영준이는 아침까지 책을 읽거나 새벽에 쓰러져 잠든 듯 책상에 엎어져 있기 일쑤였다. 간밤에 라면을 끓여 먹은 냄비도 방 한 켠에 뒹굴고 있었다.

매일 밤, 늦게 잠들다 보니 영준이는 아침에 일어나지 못했다. 아무리 흔들어 깨워도 소용이 없었다. 혹시 죽은 것이 아닐까 덜컥 겁이 난 엄마가 코에 손을 대어 볼 정도로 영준이는 깊이 잠들어 있었다. 차가운 물수건으로 얼굴을 닦아도 미동조차 없었다.

할 수 없이 결석이 잦아졌다. 영준이는 학교에 가지 않는 낮 동안 깊은 잠에 빠져 있었고 다른 아이들이 학교에서 돌아오는 저녁 무렵, 영준이의 하루는 다시 시작되었다.

학교에 가더라도 영준이는 수업 시간 내내 잠들어 있었다. 깨어 있을 때도 어딘가에 정신이 팔린 듯 우울한 영준이를 친구들은 이해할 수 없었다. 영준이도 자신을 이해하지 못하는 현실 세계의 친구들과 판타지 세상 속의 유쾌한 벗들이 대비되었다.

친구들은 자연스레 영준이를 따돌렸다. 하지만 정작 영준이는 자신이 왕따라는 사실조차 몰랐다. 어차피 의미가 없었으니까.

보다 못한 엄마는 드디어 영준이와 전쟁을 시작했다. 영준이가 잠든 사이, 모든 책을 깡그리 치워 버렸다. 그러자 영준이는 이제 컴퓨터로 판타지 소설을 읽기 시작했다. 엄마의 좌절과 분노가 정점을 찍고 체념으로 바뀔 무렵, 엄마는 영준을 집에서 끌어내 매니저에게 맡겼다. 영준이는 바깥 세상이 어리둥절한 듯 휘청댔다.

저쪽 세상에 사는 영준이

"영준아, 너는 판타지 중에서 어떤 작품이 최고라고 생각해?"

매니저는 학습실에서 꾸벅꾸벅 졸고 있던 영준이를 상담실로 불러내 물었다. 매니저를 바라보던 영준이의 몽롱한 두 눈에 갑자기 초점이 생겼다. '지금 이 사람이 무슨 얘기를 하고 있나'라고 궁금해하는 표정이었다.

매니저가 다시 말을 건넸다.

"나는 역시 고전이 제일인 것 같아. 내가 꼽는 베스트는『드래곤 라자』야. 굉장한 작품이지. 철학적이기도 하고. 이 책에 반해서 이 작가의 책은 다 읽었잖아. 그리고『폴라리스 랩소디』도 괜찮았는데, 넌 어때?"

매니저가 판타지 소설의 제목을 줄줄 대자 영준이는 조금 놀란 듯 고개를 들었다. 마치 '맹탕은 아닌데?'라고 말하는 듯한 표정이었지만 여전히 말은 없었다. 매니저는 아랑곳하지 않고 말을 이었다.

"난 『묵향』도 좋았는데. 시간과 동서양을 넘나드는 신비로운 분위기가 완전 내 타입이었지. 넌 어때? 읽긴 읽었어?"

마침내 영준이가 입을 열었다.

"당연하죠. 제가 꼽는 베스트 중 5위 안에 드는 작품인데요."

영준이에게 세계는 둘로 나뉘어 있었다. 판타지 소설 속의 이쪽 세상과 자기가 포함되지 않은 저쪽 세상. 영준이는 저쪽 세상의 사람이었다. 그리고 영준이가 보기에 매니저는 이쪽 세상의 사람이었다. 그런 매니저가 돌연 저쪽 세상의 영준이에게 말을 걸어오기 시작한 것이었다. 영준이는 얼핏 매니저에게 호기심이 생겼다. '매니저도 나와 같은 판타지 왕국의 백성인가?'

영준이는 자유롭고 모험이 넘치는 저쪽 세상이 훨씬 좋았다. 거기에서는 모든 생명체의 존재의 이유가 명확했다. 악과의 대결이라는 위대한 과업에 살아 있는 모든 것들은 각자의 방식대로 공헌했다. 일상은 그 악을 응징하기 위해 떠나는 환상의 여행이었다. 주인공은 언제나 정의로웠고, 위트가 넘쳤으며, 주변 사람들을 위해 자신을 희생했다. 다정하고 따뜻하며 용맹스럽기까지 한 영웅의 곁에는 그를 사랑하는 수많은 친구들이 넘쳐 났다. 악과의 대결은 전쟁이라기보다 차라리 윤택한 잔치에 가까웠다. 그 잔치가 흥성하고 장대할수록 현실의 세계는 더욱더 비루하고 초라해 보였다.

그런 영준이가 보기에 점수 몇 점에 땅이 꺼질 듯 호들갑을 떠는 부모님의 모습은 과장되고 우스꽝스러웠다. 수천 명의 목숨이 위태로운 왕국의 몰락도 아니고 고작 성적표의 숫자가 달라진 것에 불과하지 않은가! 이런 영준이에게 생명의 위협이라도 느낀 듯 좌절하는 엄마의 반응이 비현실적으로 느껴지는 것은 당연했다.

그런데 매니저가 판타지 소설에 대해 말을 걸자, 힘센 조개처럼 입술을 꽉 다물고 있던 영준이도 조금씩 마음을 열기 시작했다. 매니저가 묻는 말에 대답도 하고, 공허하던 두 눈에 생기도 돌았다.

최근 2년 동안 거의 아무하고도 이야기한 적이 없었던 영준이에게 매니저는 최초로 말을 건네 온 이쪽 세상의 사람이었다.

세상 밖으로 나온 영준이

더 이상 책도, 인터넷도 허락되지 않는 상황 속에서 영준이는 두 달을 지냈다. 그동안 영준이는 가수면 상태에 빠진 채 매니저가 시키는 공부를 기계적으로 끄적거릴 뿐이었다. 마치 몽유병 환자가 의식도 없이 거리를 헤매듯, 영준이는 머리가 아닌 손으로 무언가를 쓰고 지우기를 반복했다. 하지만 영준이는 '이 책을 읽는 것이 도무지 무슨 의미가 있나?' 하는 회의가 들 뿐이었다. 명분과 정의로 넘쳐 났던 판타지 소설 속 세상에 비하여 현실은 너무나 권태롭고 맹목적이었다.

"질문이 있어요."

"오호! 영준이가 드디어 질문을 하다니, 나 감격했어."

"매니저님은 언제 그런 책들을 읽으셨어요?"

"맨 처음 읽었던 건 중3 때였으니까 한참 됐지. 어쩌면 내가 너보다 더 많이 읽었을지도 몰라. 판타지의 조상이라고 할 수 있는 『반지의 제왕』은 원서로도 읽었거든. 어때, 대단하지?"

영준이는 놀란 나머지 입이 벌어졌다.

"나도 한때 영준이 너처럼 판타지 소설에 완전 미쳤던 적이 있었어. 아, 미쳤다고 해서 미안. 그런데 나는 진짜 그랬어. 엄마가 무서워서 학교는 꼬박꼬박 갔지만 학교에서도 계속 책만 읽었지."

"거짓말 마세요. 그런데 어떻게 이렇게 멀쩡해요?"

"그때가 시험 기간이었는데 시험이고 뭐고 정신 없이 책을 읽고 있었어. 그러다 하도 눈이 아파서 고개를 들었는데 우리 반 1등이랑 눈이 딱 마주쳤어. 그 순간, 그 애가 한심한 눈으로 나를 보면서 나지막이 '병신'이라고 말하는 거야."

"헉, 그래서 그 애를 가만히 놔뒀어요?"

"불현듯 나도 내가 정말 병신 같다는 생각이 들었거든. 영준이 너들으라고 하는 소리는 아니야. 그냥 내 얘기를 하는 거지. 굳이 계기를 찾자면 그 정도? 그날 이후로 고등학교를 졸업할 때까지 다시는 판타지 소설을 읽지 않았어. 이상하게 흥미도 떨어지고."

"그런데 왜 지금도 읽어요?"

"그야 재밌으니까. 하지만 지금은 그렇게 미칠 염려는 없어. 현실 속에서 살아가는 게 훨씬 더 흥미진진하니까. 이렇게 너도 만날 수 있고. 참, 영준아. 너한테 줄 거 있어."

"뭔데요?"

"로드맵이야. 판타지 소설에서 모든 주인공은 가치 있는 것을 손에 넣기 위해 어디론가 반드시 여행을 떠나지. 여행은 판타지의 필수 요소이니까. 그런데 그 여행길에 시련이 없으면 재미있을까? 주인공은 지혜와 용기를 발휘해 시련에 맞서며 위기를 극복하지. 오거와 오크와 드래곤이 출몰하는 전장에서 전쟁을 승리로 이끌고 영웅이 되면서 말이야. 주인공이 승리를 찾아가듯 너에게도 그 길을 알려 주고 싶어."

"네? 매니저님, 무슨 소리에요?"

"자, 내가 지금 내가 너에게 주려고 하는 것은 여행을 위한 로드맵이야. 너 자신을 찾아 나서는 길의 지도! 수능이라는 저 높은 성을 정복하기 위해 영준이 네가 정복해야 하는 위기들을 정교하게 짜 놓은 지도야."

"……"

"앞으로 2년 동안 나와 함께 이 길을 달려 보자. 응?"

영준이는 갑자기 '수능'이라는 말에 정신이 아뜩해졌다.

로드맵은 바로 매니저가 영준이를 위해 마련한 2년간의 포트폴리오였다.

"영준아. 내가 앞으로 너의 요정이 되어 줄게. 날갯짓을 할 때마다 금빛 가루를 흩뿌리는 요정. 어때, 어울리지?"

"푸하하, 매니저님은 요정이 되기에 덩치가 너무 커요!"

이날, 매니저는 영준이가 소리 내어 웃는 것을 처음 보았다.

그날 이후, 놀랍게도 영준이는 판타지 세계를 향한 발걸음을 딱 끊었다. 여전히 멍하고 넋을 놓고 있는 시간은 많았지만, 예전에 비하여 공부에 집중하는 시간도 월등히 늘었다.

영준이의 이런 변화는 여러 사람들의 관심이 있었기에 가능했다. 밤낮으로 영준이를 살피는 엄마가 일등 공신임에 틀림없었고, 매니저의 권유로 시작한 전문 의료 기관의 상담도 도움이 되었다. 물론 매니저도 일조했다.

하지만 이 모든 변화의 가장 큰 힘은 바로 영준에게서 비롯되었다. 마음 속에 잠자던 거인이 깨어나듯, 영준이는 변해 갔다. 훌쩍 커버린 영혼의 눈높이로 미래를 조망하게 된 영준이는 이제 현실 세상과 연결된 다리를 건너려 하고 있었다.

▶▶ 타입 프로파일 ◀◀

대표 입말	"도대체 뭐가 문제라는 거지?"
공부 행동	열심히 공부하는 친구들을 무시하는 태도를 보인다. 성적에 완전히 초연하지도 못하면서, 연연하는 자세를 경멸한다. 공부에 대한 자기만의 철학이 있는 듯 보이려 노력하나, 실제로 탁월하게 잘하는 과목도 없다.
성격	자기만의 세계가 뚜렷하며, 자기 속내를 이야기하지도 않는다. 주변에 친하게 지내는 사람이 적고, 사이버 세계에서 관심사가 비슷한 사람들과 더 적극적으로 소통한다.
스트레스 원인	일상 생활에서 수행해야 하는 온갖 의무나 책임에 무심하기에 부모님이나 선생님에게 자주 꾸중을 받게 된다. 또래 친구들과 일상적인 대화를 할 때도 조금은 동떨어져 있어서 친한 친구가 없는 것도 잠재적 스트레스로 작용한다.

마음의 빗장을 열고 기본부터 실천하라

1. 다른 사람들이 속한 세계를 이해하라

이쪽 세계도, 저쪽 세계도 어느 쪽이 더 좋다고 말할 수는 없다. 그 자체로 세상을 움직이는 규칙과 원리가 있기에 이를 받아들이고 어우러질 줄 알아야 한다.

마니아 타입의 학생은 사람들이 자신을 이해하지 못한다며 마음의 빗장을 걸어 잠그기 전에 스스로를 살펴봐야 한다. 사람들이 왜 학교에 가고, 성적을 잘 받기 위해 공부하며, 대학에 갈 준비를 하는지 생각할 준비가 되었는가?

2. 모든 공부의 시작인 용어의 개념을 이해하고 암기하라

알파벳을 모르는 사람은 영어를 공부할 수 없고, 숫자를 모르는 사람은 수학을 공부할 수 없다. 마찬가지로 특정 과목을 학습하는 데 필요한 기본적인 용어를 알지 못하면 그 과목을 공부할 수 없다.

마니아 타입의 학생은 암기를 싫어하는 성향인 탓에 기본적인 용어나 영어 어휘가 부족할 수 있다. 이런 경우, 책상에 앉아 있는 것도 별 의미가 없다.

올림픽에 참가한 국가대표 수영 선수가 경기를 치르기 전 준비 운동을 꼼꼼히 하듯이, 본격적인 공부를 하기 전 용어부터 정리하고 암기해 보자. 지금껏 이해할 수 없어 재미없었던 과목이 새롭게 다가올 것이다.

3. 공부를 하는 나만의 학습 순서를 정하고 실천하라

그동안 공부하지 않았던 과목을 제대로 공부하기란 어려운 일이다. 스스로 실천할 수 있는 기본적인 공부 순서를 정하고 실천하면서 수정하고 보완해 나가야 한다. 기본적인 공부 순서는 다음과 같다.

1) 교과서를 읽으며 모르는 단어에 체크하고 내용 파악하기.
2) 모르는 단어를 찾은 후, 교과서를 읽고 중요한 내용 정리하기.
3) 중요한 내용은 보조 자료를 활용해 완벽하게 숙지한 후 암기하기.
4) 문제를 풀며 공부한 내용을 적용하기.
5) 틀린 문제의 원인을 분석하여 극복 방법 생각하기.

일반적인 학습 흐름이지만 처음부터 완벽하게 실천하기란 쉽지 않다. 처음 공부를 시작하는 과목이 있다면, 위의 순서 중 먼저 실천할 수 있는 내용을 선택하여 실천해 보자.

대화의 끈을 놓치지 마라

마니아 타입의 학생은 중독성이 강한 어떤 것에 심각하게 빠져 있다. 게임이나 판타지 등이 대표적이다. 대개의 '중독' 증상이 그러하듯, 학생들은 중독된 대상에 삶의 모든 에너지와 시간을 집중하기 때문에 평범한 일상이 유지되기는 어렵다.

이러한 중독 현상은 보통 사소한 계기에서 시작되지만, 꽤 많은 학생들이 학업 스트레스에 대한 도피처를 탐색하다가 치명적인 매력을 지닌 대상에 입문하기도 한다.

이렇게 중독되면 학생은 세상의 누구와도 교감하기를 거부한다. 그 기간 동안 주변의 모든 사람들에게서 들려오는 메시지는 비평과 비난인 경우가 많아서, 학생은 주변으로부터 철저하게 자신을 단절한다. 수업 시간에도 주로 졸거나, 자거나, 게으른 표정으로 가만히 버틸 뿐이다.

부모님과의 갈등도 당연히 일어난다. 도를 넘어선 자식의 일탈에 대해 보통 부모는 일관성을 잃고 대응한다. 심하게 화를 냈다가, 눈물로 호소했다가, 짐짓 포기한 듯 방임한다. 이 과정을 되풀이하며 부모는 지쳐 가고, 학생은 조금씩 무덤덤해진다. 한마디로 도무지 소통 불가의 상태가 되는 것이다. 이렇듯 학생이 무언가에 중독되어 있다면 가정의 평화가 유지되기는 어렵다.

다행히도 일정 시간이 흐르고 나면 대부분의 학생들은 스스로 변하고자 한다. 다만 도대체 그 각성의 시간이 언제인지 알 수 없고, 중요한 학창 시절에 방황하다 보니 부모의 마음이 타들어 가는 것이다.

이때, 학생의 사소한 잘못을 일일이 지적하며 행동을 바로잡자고 한다면 갈등은 더욱 해결되기 어렵다. 작은 잘못은 때에 따라 눈감아 주며, 학생과 대화의 끈은 놓치지 말아야 한다. 자기 행동의 원인과 결과를 스스로 생각해 볼 수 있도록 완곡하게 대화로 풀어 가는 것이 더 유용하다.

다만 성장기 학생들은 밤샘으로 생체 리듬이 극단적으로 훼손될 수 있기에 조금 더 세심한 관리가 필요하다. 정도에 따라 전문 기관의 도움을 받는 것도 효과적이다.

포트폴리오 만들기

◉ 장기적인 과정에서 희망 직업과 이를 위한 로드맵을 계획해 보자.

1단계 **희망 직업 포트폴리오**

나의 관심사와 연관된 희망 직업으로 포트폴리오를 작성해 보자.

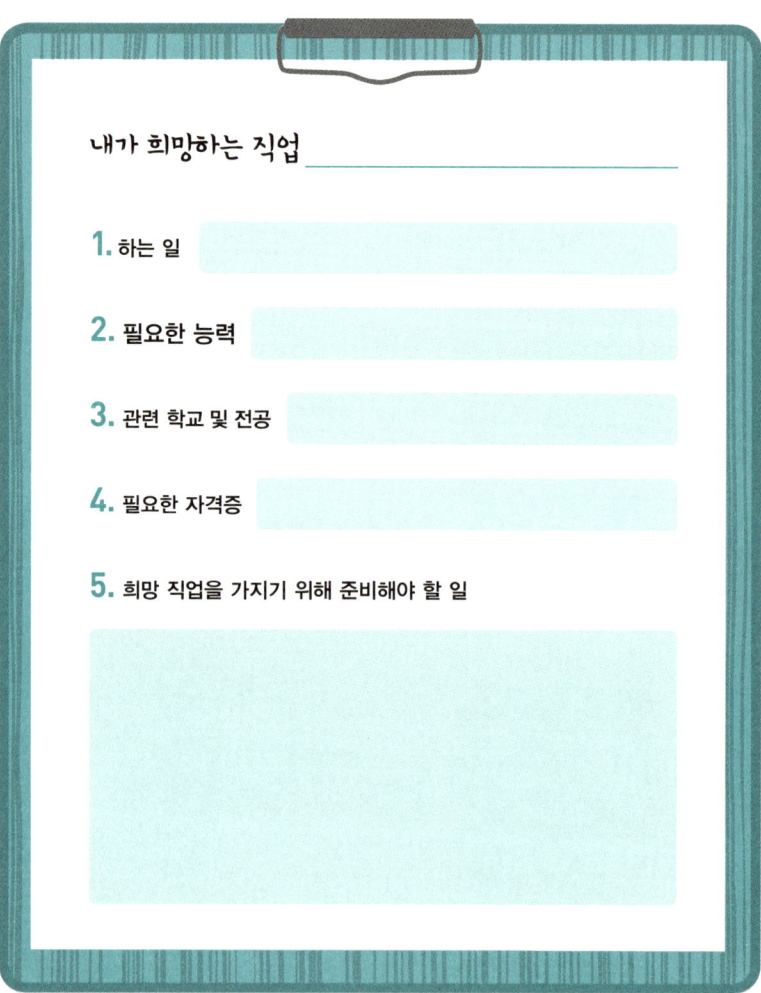

내가 희망하는 직업 _____

1. 하는 일

2. 필요한 능력

3. 관련 학교 및 전공

4. 필요한 자격증

5. 희망 직업을 가지기 위해 준비해야 할 일

희망 직업에 도달하기 위한 시기별 목표를 정하여 장기 로드맵을 만들어 보자.

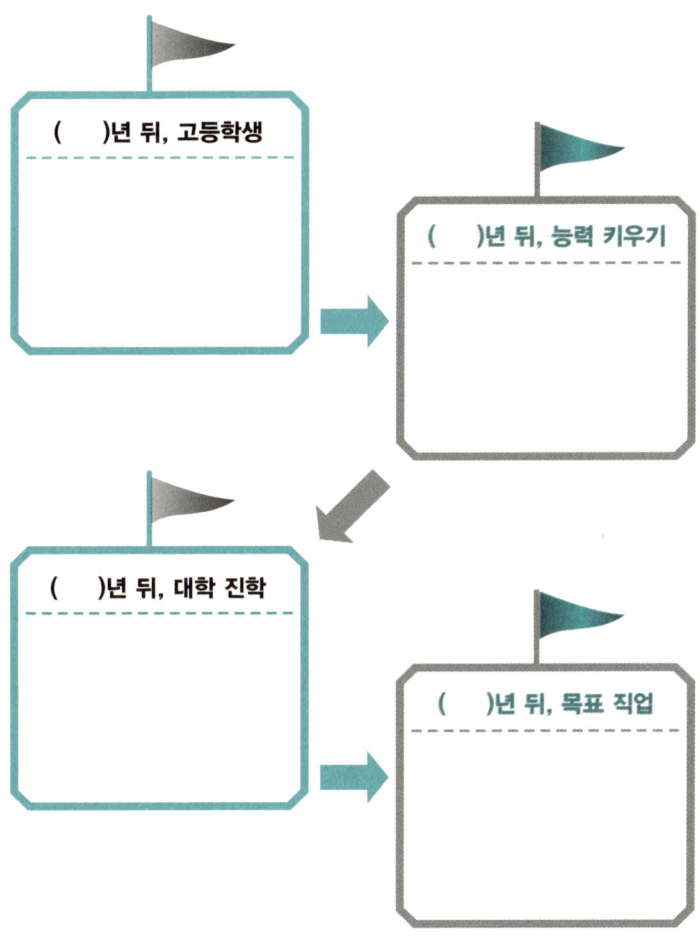

"계획을 세우고 공부하게 되었어요"

Type 15 마니아 서수연 (중3)

전체 석차 120등 → 48등

저에게 공부는 학교 수업이 전부였습니다. 공부에 전혀 관심도 없었고, 학교에서 돌아오면 가방을 던져 놓고 게임에만 몰두할 만큼 심각하게 게임에 중독되어 있었습니다. 학원에 다니기도 했지만, 그건 엄마의 잔소리를 피해 시간을 때우러 가는 것에 불과했습니다. 그래서 길어야 4개월이 지나면 이 학원 저 학원으로 옮겨 다니게 되었습니다.

성적에는 전혀 관심이 없어서 점수는 들쭉날쭉했고, 심지어 시험 기간이 언제인지도 몰랐습니다. 어떤 때에는 시험 일주일 전에야 코앞에 시험이 닥쳤다는 것을 깨닫고 화들짝 놀란 적도 있습니다. 시험이 다가오면 그냥 아무 책이나 손에 잡히는 책을 펴고 글을 읽었고, 당연하게도 시험이 끝나고 나면 어떤 내용도 머릿속에 남아 있지 않았습니다.

이렇게 공부를 하지 않으면서도 어떤 과목에서 최악의 점수를 받게 되면 그 다음부터는 아예 그 과목은 포기해 버리는 공포증도 생겨났습니다. 몇 번 시험을 치르고 나니, 포기한 과목이 점점 늘어나고 있었습니다. 그럴수록 저는 더 게임에 몰두할 뿐이었습니다.

매니저를 만난 이후, 닥치는 대로 아무렇게나 공부하는 습관을 고치기 시작했습니다. 공부 다이어리에 시험 총 계획을 적어 두고 하나씩 실천해 나가다 보니 조금씩 내가 무엇을 하고 있는지를 이해하게 되었습니다.

심지어는 공부를 하면서, 나에게 '교과서 내용을 요약하고 정리하는 능력'이 숨어 있었다는 사실도 발견하게 되었습니다. 계획을 알고 나니 게임을 할 시간도 없었습니다. 그렇게 많은 시간을 공부하다 보니 자연스럽게 꼼꼼하게 공부할 수 있었고, 그렇게 공부한 내용은 시험이 끝난 후에도 기억에서 사라지지 않았습니다. 최악이었던 점수는 조금씩 올라 마침내, 나는 92이라는 평균으로 전교 50등 안에 드는 결과를 얻을 수 있었습니다.

서수연 학생이 말하는 TYPE15 마니아 공부법

"나만의 집요한 공부법을 만든다"

영어

내가 영단어를 공부하는 방법은 두 가지로, 하나는 쓰면서 외우기(깜지)이고, 또 하나는 단어장 만들기입니다.

깜지도 그냥 쓰기만 하는 것이 아니라 종이를 5~6등분해서 한두 부분에는 열심히 쓰기, 한 부분에는 영어만 쓰고 옆 부분에는 해석을 쓰면서 혼자 단어 시험을 보듯이 외웁니다. 그리고 틀린 단어는 색깔 펜으로 다시 쓰고 단어장에 추가합니다.

단어장은 세로로 이등분 된 종이에 왼쪽에는 영어, 오른쪽에는 해석을 씁니다. 해석 부분에는 단어의 품사도 쓰고 밑에는 유사어나 반의어, 그 단어의 명사형(혹은 동사, 형용사형) 같은 것을 씁니다.

예를 들면 'develop'이라는 단어를 쓸 때 오른편에는 '(동사)개발하다'를 쓰고 그 아래에 명사형 '(명사)development'를 쓰는 식입니다. 이렇게 하면 최대 4개의 단어를 더 알 수 있게 되어서 효율적이고 나중에 그 단어를 보면 그것에 대해서 술술 설명할 수 있을 만큼 효과가 있습니다.

문법은 먼저 개념서를 보면서 공부를 하고 책을 덮은 후 내용을 정리합니다. 틀린 부분은 색 펜으로 내용을 고쳐 씁니다. 그 다음에는 공부했던 것을 응용하기 위해 공부한 문법과 관련된 문장들을 독해합니다.

독해는 꼭 끊어 읽기, 직독직해로 합니다. 의역을 해야 할 때는 직역 옆 부분에 괄호를 치고 하는 경우도 있습니다. 그리고 독해하는 문장과 관련된 문법은 문장 옆에 표시합니다. 이렇게 하면 독해와 문법을 한번에 할 수 있어서 효율적입니다.

암기 과목

암기 과목도 저만의 방법이 있습니다. 공부한 이후 스스로 노트에 정리하기입니다. 예전에는 공부한 내용을 다시 돌아볼 생각도 하지 않았었는데, 이제는 암기 과목들을 공부한 후 한 번씩 정리하지 않으면 마음이 불안하기까지 합니다.

암기과목은 그때그때 수업 진도에 맞추어 내용 정리 노트에 단원별로 정리합니다. 모르는 용어는 따로 칸을 정하여 정리해 두는 것이 좋습니다. 그렇게 모인 단어를 다시 보면서 스스로 공부한 후 점검도 할 수 있고, 단원의 중요한 내용이 무엇이었는지를 다시 떠올릴 수도 있다.

내가 제일 좋아하는 과목은 친구들이 많이 어려워하는 역사입니다. 역사를 공부할 때에는 '연표'를 활용하면 도움이 됩니다. 책의 빈 부분에 시대의 흐름을 정리해 놓는데, 이렇게 하면 교과서 내용을 정리하면서 동시에 글로 된 내용을 시간의 흐름으로 정돈해 놓아 단원 내용을 시간 순으로 기억하기에도 도움이 됩니다.

　책에 밑줄을 칠 때에는 색깔 펜을 씁니다. 아무 색이나 쓰는 것이 아니라 나만의 규칙이 있습니다. 중요한 부분은 빨간색, 풍속 및 법과 관련된 부분은 파란색, 인물은 살구색, 시대 부분은 보라색. 책이 조금 지저분하게 보일 수도 있지만 내가 정한 규칙을 적용하여 중요한 부분에 밑줄을 그은 것이라 그 단어와 내용이 무엇과 관련이 있는 것인지를 쉽게 알아볼 수 있습니다.

Type 1
엄친아

Type 2
모범생

Type 3
학원 키즈

Type 11
성실이

Type 6
허영이

Type 9
유리구슬

Type 12
학습실
지킴이

Type 4
꼭두각시

Type 10
오지랖

Type 13
예민이

Type 16
무심이

Type 14
마음 콩밭

Type 15
마니아

Type 5
협상이

Type 7
아웃사이더

Type 8
고집쟁이

사고

Part 4
잘못된 신념의
공고한 벽

TYPE
5

스스로 공부할 이유를 만들어라

협상이

(타입) 체크리스트

아래 체크리스트는 모두 10개의 문항으로 구성되어 있다.
자신에게 맞는 문항에 체크해 보자.

—

- ☐ 힘들게 공부를 했으면, 그에 대한 보상이 따라야 한다고 생각한다.

- ☐ 공부를 하다 모르는 것이 있으면 해답지를 보고 빠르게 해결하는 편이다.

- ☐ 학교에서 규칙을 지키지 않아 불려 간 적이 꽤 많다.

- ☐ 학원 수업이 끝나면 힘들게 공부했으니, 좀 쉬어야 한다고 생각한다.

- ☐ 엄마가 하는 모든 말은 기본적으로 나를 공부시키기 위한 전략이라 생각한다.

- ☐ 공부하는 시간에 비해 성적은 나쁘지 않다.

- ☐ 하기 싫은 일은 죽어도 못한다.

- ☐ 국영수보다는 암기 과목이 좋다.

- ☐ 하고 싶은 일이 너무 많아 장래 희망이 자주 바뀐다.

- ☐ 약속 시간을 어길 때가 종종 있다.

▲

☑ 8개 이상 : **Type5**가 확실해요.

5~7개 : **Type5**가 의심됩니다.

5개 미만 : **Type5**가 아니군요.

"이거 하면 뭐 해 줄 건데요?"

햄버거로 맺은 계약

중학교 2학년 민석이와의 상담 시간은 늘 협상의 과정이다.

"민석아, 오늘 계획표 보면 수학 개념 문제 10개, 유형 문제 20개 풀기로 돼 있지? 지금부터 1시간 30분 동안 열심히 풀어 보자."

"그럼 매니저님, 제가 이거 다 하면 뭐 해 줄 건데요?"

민석이는 오른손으로는 '돈'을 의미하듯 동그라미를 만들면서 왼손바닥을 매니저를 향해 앞으로 쑥 내밀었다. 매니저는 속이 끓어 올랐지만 꾹꾹 누르며 웃었다.

"우리 민석이, 손 동작을 그렇게 하니까 꼭 부처님 같아요. 완전 인자해 보이는데? 인자한 민석이가 지금부터 열심히 풀어 보자."

하지만 민석이는 기껏 두 문제를 풀고 짜증을 냈다.

"매니저님, 그냥 집에 가서 해 올게요. 오늘은 공부가 잘 안 돼요."

"민석이 너 지난번에도 집에 가서 해 온다고 하고서는 결국 안 해 왔잖니? 이제부터 힘들어도 정해진 시간에 매일 공부하는 훈련을 해 보자."

"아이 진짜, 이걸 언제 다 해요? 그럼 반만 할게요. 네? 제발요."

오늘도 민석이는 공부하는 것을 두고 매니저와 거래를 하려 했다. 매니저는 속으로 저 좋으라고 하라는 공부에 저렇게 흥정을 하는 모습이 당황스럽기도 했다.

며칠 후, 민석이는 학습실에서 몰래 mp3를 듣다가 걸렸다. 벌써 세 번 째다. 자기는 음악을 들으며 공부를 해야 진짜 집중이 잘되는데, 왜 일방적으로 자기를 억압하냐고 오히려 큰소리를 쳤다. 지난 상담 시간에 이제부터는 음악 없이 공부해 보겠노라고 다짐했던 사실은 기억조차 없다는 표정이었다.

민석이는 매니저가 맡고 있는 학생 중에서 가장 자주 규칙을 어기는 학생이었다. 매니저나 엄마와의 약속은 이렇게 번번이 어기면서도 자기에게 유리할 때에는 철저하게 다짐을 받으려 했다. 그런 민석이가 입에 달고 다니다시피 하는 말은 "이거 다 하면 뭐 해 줄 건데요?" 였다.

매니저는 이런 민석이의 성격을 일단 인정하기로 했다. 그리고 이런 태도를 공부하는 데 긍정적인 방향으로 바꾸고자 협상 테이블을 마련했다.

"민석아, 오늘은 매니저가 민석이와 계약서를 쓰려고 해. 이건 너무 중요한 문제라서 꼭 민석이가 지켜 줬으면 좋겠어. 지금부터 우리가 지킬 원칙들을 정해 보자."

"그럼 제가 매니저님이랑 약속을 지키면 뭐 해 주실 건데요?"

"흠, 그럴 줄 알고 내가 미리 생각해 둔 것이 있지."

매니저는 미리 정식 계약서 양식에 맞추어 근사하게 출력해 둔 계약서를 내밀었다.

"매니저가 민석이랑 꼭 하고 싶은 것은 세 가지야. 첫째, 공부 시간을 채우는 것. 둘째, 정해진 공부 양을 완성하는 것. 셋째, 공부할 때 집중할 수 있도록 mp3는 쉬는 시간에 듣는 거야."

"엥? 듣기만 해도 토 나와요. 그걸 어떻게 해요?"

"민석이가 매일 이 세 가지를 100퍼센트 달성하면 스티커 한 장을 줄게. 그리고 이 스티커가 다섯 장 모이면 민석이가 좋아하는 도넛과 딸기 우유 하나, 열 장 모이면 샌드위치, 스무 장 모이면 매니저의 거금이 담긴 만 원권 문화상품권을 선물로 줄게. 어때?"

한참을 고민하던 민석이가 결심이라도 한 듯 물었다.

"그런데 매니저님, 샌드위치 대신 햄버거로 바꾸면 안 돼요?

"왜 안 되겠어? 되고 말고!"

협상 자체가 아니라 협상의 조건에 관심이 꽂혔다는 사실은 민석이가 이 계약에 솔깃하다는 증거였다. 매니저는 기쁜 마음을 감춘 채 민석이에게 준엄하고 호탕하게 얘기했다.

"좋아. 우리 민석이가 좋아하는데 그 정도는 들어주지. 그 대신 민석이도 꼭 약속을 지켜야 한다."

"걱정 마세요. 매니저님이나 나중에 딴소리 하지 마세요. 돈 없다고 그래도 안 봐줄 거예요."

매니저와 민석이는 수정된 계약서를 두 장 출력해 엄숙하게 사인을 하고는 각자 한 장씩 나누어 가졌다. 정식 협상이 타결된 것이다. 민석이는 계약서를 학습 플래너 안에 곱게 접어 넣은 뒤 만족스러운 미소를 보였다. 매니저는 민석이가 공부에 대한 이야기를 나누면서 이렇게 행복해하는 모습을 본 것도 처음이었다.

군침 도는 계약서

민석이는 공부 이야기에 늘 민감하게 반응했다. 공부와 관련된 이야기가 나올라 치면 일단 몸을 사리며 모든 말에 토를 달고 반대했다. 민석이의 말에 따르면 기본적으로 어른들은 모두 자기에게 공부를 많이 시키기 위해 온갖 모략을 꾀하고 있다는 것이었다. 민석이는 그 모략에 절대로 넘어가지 않겠다고 바짝 경계했다. 특히 엄마의 이야기에 과민하게 반응했다.

"엄마랑 오래 얘기하다가 말려들면 안 돼요. 엄마는 말하다 할 말 없으면 맨날 공부만 하라고 하거든요."

어머니는 이렇게 철이 없고 물질적인 것만 좋아하는 민석이를 답답하게 여겼다.

"어휴, 매니저님. 우리 민석이 때문에 답답하시죠? 야단이라도 치려 하면 따박따박 말도 안 되는 말대답만 하니 정말 걱정이 태산이에요. 아들이지만 가끔 너무 미워요. 민석이를 어쩌면 좋죠?"

"어머니, 민석이가 철이 없기는 하지만 아직 어린아이인걸요. 먹을 것 좋아하고 떼를 쓰는 걸 보면 민석이가 귀엽기도 해요. 그리고 민석이가 이렇게 물질적인 것을 좋아하니 타박만 할 것이 아니라, 그런 성질을 자극해서 더 중요한 것들을 경험하도록 이끌고 싶어요."

"매니저님이 그렇게 봐 주시니 감사합니다. 그럼 민석이에게 좀 더 동기 부여가 되도록 제가 상품권이나 먹을 것을 지원하면 어떨까요? 물론 민석이에게는 비밀로 하고요."

어머니는 그다음 달부터 후원금으로 3만 원을 보내 주셨다. 이런 어머니의 후원 덕분에 민석이의 계약서는 조금 더 군침 돌게 변했다.

처음에 민석이는 요리조리 요령을 피웠다. 하지만 매니저의 한 마디에 꼼짝없이 다시 공부에 집중했다. 바로 "민석이 너, 계약 위반이야"라는 말이었다. 시간이 지날수록 민석이는 매일 밤 10시까지 남아서 정해진 공부를 꾸준하게 실천했다.

이 참에 매니저는 계약서의 조항에 '수학 문제를 눈으로 대충 어림잡아 풀면 약속의 100퍼센트 달성에서 제외된다'는 조항을 넣었다. 그러자 민석이는 입으로는 투덜거리면서도 손으로는 수학 풀이 과정을 노트에 적어 넣었다. 아예 포기했던 영어 과목도 매일 단어 시험에서 100점을 맞아 스티커를 받아 갔다. 늘 따로 놀던 학습 스케줄과 학습량이 일치해 가는 것도 놀라운 변화였다.

민석아, 나 너 사랑해도 될까

민석이와 계약서를 쓰고 난 뒤 처음으로 치르게 된 중간고사. 민석이는 중간고사에서 평균이 28점이나 올랐다. 어머니도 민석이도 모두 놀랐다. 하지만 그동안 민석이가 실천해 온 공부법과 공부량을 고려하면 전혀 뜬금없는 결과가 아니었다. 민석이는 태어나서 처음으로 시험 범위 전체를 꼼꼼히 공부했고, 필요한 문제도 골고루 살펴 보았던 것이다.

중간고사를 준비하면서 민석이는 매니저에게 총 도넛 3개와 햄버거 2개, 그리고 문화상품권 3장을 선물로 받았다. 민석이는 계약을 이행한 결과로 받게 된 그 보상들에 마냥 행복해했다.

하지만 지금 자신도 믿기지 않는 성적표를 받은 민석이는 이제까지와는 전혀 다른 행복을 느끼고 있었다.

며칠 뒤, 공부를 계속하고 있던 민석이에게 매니저가 먼저 말을 건넸다.

"민석아, 오늘은 매니저가 아주 중요한 일이 있어서 9시에 나가 봐야 할 것 같은데, 민석이가 오늘만 남은 공부를 집에 가서 하면 어떨까?"

매니저는 당연히 민석이가 기뻐서 펄쩍 뛸 것이라고 짐작했다. 그런데 정말 생각지도 못한 의외의 대답이 돌아왔다.

"매니저님, 먼저 가 보세요. 전 하던 공부 마저 하고 갈게요. 남겨 놓으면 찝찝하잖아요."

"헉! 진심이니? 민석이 너 혹시 스티커 때문에 그러니? 그것 때문이라면 오늘은 매니저 때문이니까 약속을 지킨 걸로 하고 스티커를 줄게."

"참, 매니저님도. 제가 언제는 스티커 바라고 공부했나요?"

"민…… 민석아, 너 왜 이렇게 멋있는 거니? 나, 너를 사랑해도 될까?"

"와, 어이없어. 뭐예요. 완전 오버야."

민석이는 크게 소리를 지르며 학습실 밖으로 달려 나갔다. 겉으로는 펄쩍 뛰었지만 민석이의 입은 귀에 걸려 있었다.

▶▶ 타입 프로파일 ◀◀

대표 입말	"이거 하면 뭐 해 줄 건데요?"
공부 행동	학습 속도가 빠른 편이라 많은 양의 공부도 빨리 끝내는 편이다. 이는 '해야 할 분량을 빨리 끝내고 놀자!'라는 생각을 해서 그런 것이지, 모르는 것을 제대로 이해하려고 노력하지는 않는다.
성격	사교적인 스타일로 친구는 물론 주변 어른들과도 좋은 관계를 유지한다. 다만 모든 일에 최선을 다하지 않고 쉽고, 빨리 끝내려는 성향이 있어 친구 사이에 다툼의 원인이 될 수 있으니 주의해야 한다.
스트레스 원인	스스로 공부를 해야 할 이유가 없는데, 공부를 해야만 하는 상황 때문에 스트레스를 받는다. 그래서 부모님이 공부를 강요한다고 생각하면 공부를 주제로 한 대화를 회피하게 된다. 또 스스로 공부할 이유를 찾지 못하면 갈등이 심해질 수 있다.

공부의 이유를 생각하고 원칙을 정하라

1. 스스로 나만의 공부 원칙을 만든다

협상이 타입의 학생은 제 학년 학습을 하는 데 어려움이 없다. 다만 공부를 자기에게 중요한 것으로 받아들이지 않아 학습에 힘쓰지 않는다.

이런 학생이 질적, 양적으로 높은 수준의 학습을 하기 위해서는 스스로 공부해야 하는 이유를 찾아야 한다. 그때까지 주변에서 협상이 타입의 학생이 생각을 바꿀 수 있도록 도와야 한다.

나아가 나의 학습법을 객관적으로 분석하여 나만의 공부 원칙을 만들어 보자. 공부 원칙에 공부 시간과 휴식 시간을 함께 포함시키면 학습에 대한 부담감을 줄일 수 있다.

2. 시간 단위 학습 계획표를 세워 꼼꼼히 학습하라

협상이 타입의 학생은 주어진 학습 분량을 빨리 끝내고 휴식 시간을 가지려 한다. 그래서 학습할 내용을 분량 단위로 제시할 경우 꼼꼼히 학습하지 않을 가능성이 크다.

기본 학습 역량도 좋아서 공부 직후에 학습 내용을 점검하여 부족한 부분을 찾기도 어렵다. 따라서 학습 계획을 작성할 때는 공부 분량과 함께 시간을 제시하는 것이 중요하다.

학습 분량을 빨리 마무리하더라도 일정한 시간이 끝나기 전까지 동일 범위 안에서 틀린 문제를 확인하고, 중요한 내용을 표시하는 등 2~3회 반복하게 한다. 무엇보다도 학생이 약속한 공부 시간을 지키게 하려면, 먼저 휴식 시간을 인정하는 것이 좋다.

3. 주 1회, 한 주의 공부 내용을 점검하는 시간을 가진다

꼼꼼히 공부하지 않는 학생은 공부한 내용을 점검하는 시간을 지정해 두는 것이 좋다. 매일의 학습은 시간 단위 학습 계획표로 반복하게 하고, 문제 학습은 틀린 문제를 정확히 분석했는지 확인하도록 한다. 또 주 1회, 한 주일 동안 틀린 문제를 모아서 한꺼번에 풀어 보는 시간을 만든다면 자연스레 반복 학습을 할 수 있다.

학습과 휴식을 분리하라

협상이 타입의 학생은 실제 학년은 중학생이지만, 마음은 여전히 '어린이'에 머물러 있다. 그러하기에 자신의 가장 큰 권리인 '놀기'가 공부에 침해 당할 때마다 당당하게 '대가'를 요구한다.

자기 주관이 뚜렷하고 자신만의 논리가 있기에 부모나 교사의 고압적 지시에 대한 반항심이 크고, 그 불손한 태도 때문에 학교나 가정에서 꾸지람을 듣는 편이다.

이 유형의 학생이 부모님을 단순히 '나에게 억지로 공부를 강요하는 존재'라고 확정해 버리면 더 이상 학생과의 소통은 불가하다. 그러므로 부모는 학생이 '자신을 사랑해 주고, 응원해 주는 사람'으로 인식하고 있는지를 먼저 살펴보아야 한다.

만약 협상이 타입의 학생이 '부모님은 세상에서 가장 압도적으로 자신을 지지해 주는 존재'라고 생각한다면, 자녀에게 공부에 대하여 몇 가지 양보할 수 없는 원칙을 정하고 이를 실천하게 할 수 있다.

공부도 재빨리, 요령껏 해치워 버리려는 습관이 있다. 그래서 정직하고 차근차근하게 공부를 하는 훈련이 필요하다. 그 개선 방안에 대해 학생 스스로가 선택하도록 하는 것이 좋다.

대가를 좋아하는 학생이기에 학생이 매력을 느낄 만한 가벼운 보상을 제시하고, 학생 스스로 학습과 관련된 의사 결정을 내리도록 유도한다면, 공부가 자신을 억압하는 절대 악이라는 생각으로부터 벗어나게 할 수 있다.

협상이 타입의 학생에게 가장 중요한 습관 중 하나를 꼽으라면 '학습과 휴식의 분리'를 들 수 있다. 에너지가 넘치고, 좋아하는 것과 싫어하는 것이 뚜렷한 학생이므로, 공부에 있어서 해야 할 미션을 구체적이고 정확하게 제시하는 것이 실천력을 높이는 데 도움이 된다.

공부 원칙 정하기

⊙ SWOT 분석을 토대로 공부 원칙을 정해 보자.

1. 다음은 SWOT에 맞추어 현재의 학습을 분석해 보는 과정이다. 질문에 대한 나의 생각을 기록해 보자.

Strength(강점)

- 내가 지금 제일 잘하는 과목은 무엇인가?

- 이 과목은 평소에 어떤 방법으로 공부하는가?

Weakness(약점)

- 어떤 과목을 잘해 보고 싶은가?

- 이 과목을 공부할 때, 실천하기 어려운 점은 무엇인가?

Opportunities(기회)

- 취약 과목을 잘하기 위해 나에게 필요한 것은 무엇인가?

- 이 과목을 잘하는 친구가 있는가? 친구들이 공부하는 모습을 관찰해 보고 나와 다른 점을 찾아 적어 보자.

Threats(위협)

- 취약 과목의 공부를 방해하는 요소는 무엇인가?

2. 분석한 내용을 바탕으로 나만의 공부 원칙을 정해 보자.

[(   )의 공부 원칙]

1) 나만의 공부 시간과 휴식 시간을 구분해 보자.

공부 시간 :

휴식 시간 :

2) 잘하는 과목을 유지하는 공부 방법을 적어 보자.

3) 취약 과목을 보완하는 공부 방법을 적어 보자.

TYPE

7

내게 귀 기울여 줄 수 있는
사람을 찾아라

아웃사이더

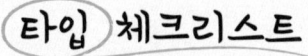 체크리스트

아래 체크리스트는 모두 10개의 문항으로 구성되어 있다.
자신에게 맞는 문항에 체크해 보자.

—

- [ ] 수업 시간에 들은 내용을 꼼꼼히 정리하지 않는 편이다.

- [ ] 주변 어른들의 주장은 고리타분하고 비논리적일 때가 많다.

- [ ] 학교에서 배우는 것 중 인생에 큰 도움이 될 것은 별로 없다고 생각한다.

- [ ] 학교 시험 성적에 그다지 연연하지 않는다.

- [ ] 다른 사람과 의견이 충돌할 때, 납득할 수 없는 의견에 순순히 따르는 일은 절대 없다.

- [ ] 친한 친구가 많을 필요는 없다고 생각한다.

- [ ] 성적을 올리는 것은 언제든지 마음만 먹으면 할 수 있다고 생각한다.

- [ ] 모든 과목의 공부가 다 필요하다고 생각하지 않기에 버린 과목이 몇 개 있다.

- [ ] 이 세상의 불합리함에 대하여 울컥 하고 화가 날 때가 많다.

- [ ] 나의 말에 상처 받은 친구가 꽤 많다.

▲

✔ 8개 이상 : **Type7**이 확실해요.

5~7개 : **Type7**이 의심됩니다.

5개 미만 : **Type7**이 아니군요.

"이 세상이 마음에 들지 않아"

—

그따위 것 필요 없어

규철이와 매니저의 첫 번째 논쟁은 서로가 만난 지 3일 만에 벌어졌다. 고등학교 2학년인 규철이는 이제 얼마 남지 않은 수능을 앞두고 중장기적 전략을 세우는 것이 필요했다. 그날은 수능 대비 장기 학습 계획을 세우기로 한 날이었다.

"규철아, 지금부터 남은 기간 동안 우리가 어떻게 공부할 것인지 계획을 세워 보자."

규철이는 아예 팔짱을 끼고 다리를 꼰 채 의자 등받이에 몸을 기대고 있었다. 규철이는 매니저의 말에 입꼬리를 살짝 내리더니 못마땅한 듯 입을 열었다.

"그따위 것 필요 없어요. 그런 계획을 짠다고 서울대에 들어가지도 못하겠지만, 서울대에 들어가도 어차피 저는 인생의 낙오자예요."

"규철아, 니가 왜 인생의 낙오자니? 그게 무슨 말이야?"

"서울대에 들어가려면 공부를 잘해야 하고, 남들보다 그렇게 공부를 잘하려면 아무 생각 없는 공부벌레가 되어야 하죠. 그런데 그렇게 공부벌레로 몇 년을 살다 보면 결국 진짜 병신 같은 멍청이가 돼요.

제가 어디서 들었는데, 서울대 학생들 중에 바보가 더 많대요."

"에이, 그래도 그건 너무 심한 과장이다."

매니저의 반론에 규철이의 목소리가 높아졌다.

"뭐가 심해요? 우리 삼촌만 봐도 알 수 있어요. 우리 삼촌도 서울대 나왔는데, 서른이 훨씬 넘도록 아직 취직도 못하고 집에서 놀아요. 성격도 완전 꼬였고요. 내가 봐도 딱 인생 낙오자예요. 그러니 좋은 대학에 가려고 난리 쳐 봐야 소용없어요. 다 쓰레기만 돼요."

규철의 이야기를 듣고 있던 매니저는 갑자기 고개를 끄덕이며 대답했다.

"그래, 듣고 보니 규철이 네 말도 일리가 있네."

매니저의 생각지도 못한 반응에 규철이는 당황했다.

상담이 끝난 뒤부터 매니저는 규철이의 평소 생활과 학습 태도를 꼼꼼히 지켜보았다. 책과 공책에는 수업에 전혀 집중하지 않은 듯 온갖 낙서들이 가득했고, 어떤 필기도 제대로 되어 있지 않았다. 수학도 소설을 읽듯 눈으로만 공부했고, 꼼꼼하게 챙겨야 되는 암기 과목은 시험 전날에도 책을 학교에 두고 오기 일쑤였다.

하지만 그럼에도 불구하고, 수학은 늘 비교적 우수한 점수가 나왔고, 암기 과목에서도 자질구레한 암기형 문제 대신 대부분의 학생들이 힘들어하는 사고형 문제로 점수를 유지했다. 규철이는 늘 제멋대로 공부하는 것치고, 신기하게도 중간 이상의 성적을 유지했다.

고분고분하지 않은 규철이지만 성적표는 매니저에게 순순히 보여주곤 했다. 규철이는 매니저에게 자신이 성적에 그다지 연연하지 않는다는 것을 보여 주고 싶었고, 또 약속이라도 한 듯 모든 과목이 60점대를 기록하는 가운데 최고점을 받은 수학 성적을 은근히 자랑하고 싶어서였다.

아웃사이더 규철이

얼마 뒤, 중간고사 준비 기간이 시작되었다. 매니저는 내신 대비 계획표를 작성하고자 규철이와 상담 시간을 가졌다. 무엇인가 못마땅할 때마다 으레 그렇듯 규철이는 팔짱을 끼고 의자 등받이에 깊숙이 몸을 기댔다. '그따위 것 다 필요 없다'는 뜻이었다.

"저는 학교 시험 때문에 이렇게 호들갑을 떨고 싶지 않아요."

"그래도 대학을 가려면 내신이 중요한데 최선을 다해 준비해야지."

매니저의 말에 규철이는 거세게 반박했다.

"내신은 어차피 노력한다고 되는 게 아니에요. 저보다 시험은 더 못 봤지만 점수는 더 높게 받은 새끼가 우리 반에도 몇 명이나 있어요. 그 새끼는 '수행'이랑 '태도'에서 점수가 잘 나왔고, 저는 태도 점수가 다 0점 처리됐어요. 어차피 내신은 선생님 마음인 거죠. 선생님들은 내신 점수 가지고 애들한테 협박이나 하고! 우리나라 교육은 다 썩었어요. 내신은 그냥 버리면 돼요."

"하긴……, 규철이 니 마음도 이해가 간다."

"……."

규철이는 매니저가 한 마디라도 더 하면 당장이라도 '죽어도 내신의 노예가 되지 않겠다'며 궐기라도 하려던 참이었다. 그런데 매니저가 또다시 규철이의 이야기에 순순히 수긍을 하는 것이 아닌가! 화를 내려던 규철이도 갑자기 흥이 떨어져 입을 다물었다. 규철이는 책상에 놓인 중간고사 계획표를 슬그머니 챙겨 자리에서 일어났다.

이렇게 반항을 일삼는 규철이는 원래 모순된 사회와 제도에 노여움이 많았다. 규철이의 말에 따르면 아버지도, 선생님도, 학교도 온통 모순투성이고, 그 모순에 대한 울화 때문에 도저히 공부에 몰입할 수 없었다.

그렇다고 해서 규철이가 성적에 완벽하게 초연하느냐 하면 그건 또 다른 문제였다. 정작 어떤 과목의 점수가 1~2점이라도 떨어지면 굉장히 스트레스를 받았고 그 과목 선생님을 맹렬히 저주했다. 또 그 어떤 과목보다도 수학을 잘한다는 사실에 강한 자부심을 느꼈다.

버렸다던 내신에 대한 집착도, 공부에 대한 열정도 은근히 강했지만 이것도 그저 신랄한 말 속에만 머물러 있을 뿐, 실제 규철이는 게으르고 거만했다.

게다가 '서울대생은 모두 다 쓰레기'라고 이죽거리면서도, 아버지와 삼촌을 포함한 가족들이 서울대 출신이라는 사실을 친구들에게 자랑처럼 말하고 다녔다.

제도 안에 파묻혀 미친 듯이 공부에 몰입할 수도 없고, 아예 울타리 밖으로 넘어가 모든 것에 초연할 수도 없는 규철이는 영락없는 아웃사이더였다.

네 말에도 일리가 있네

"머리는 좋은 것 같은데, 성적이 안 나오네요……."

규철이의 어머니는 매니저를 만나자마자 한숨부터 쉬었다. 기대만큼 나오지 않는 성적도 걱정이지만 어머니에게는 더 큰 걱정이 있었다. 아들이 평생 사랑받지 못하는 사람으로 살아갈까 봐, 그것이 더 큰 고민이었다.

"어휴, 내 자식이지만 규철이는 매사 부정적이고, 버릇없고, 같은 말을 해도 최대한 듣는 사람의 기분을 상하게 만드는 재주가 있어요. 녀석이 세상을 제대로 살 수나 있을지……. 매니저님, 우리 아들이 무례하게 굴어도 조금만 이해해 주세요."

규철이는 중학교 때까지 못된 말버릇 때문에 아버지에게 무지막지하게 매를 맞았다고 한다. 그런데 머리가 커진 이후로 아버지도 더는 규철이를 매로 다스리지 않았고 지금은 아예 아들과 말을 섞지 않는다고 했다.

하나밖에 없는 여동생도 마찬가지였다. 규철이는 여동생이 아이돌 그룹의 노래를 들을 때 마다 핀잔을 줬다. "겉만 번지르르한 연예인이 뭐가 그렇게 좋냐? 연예인을 쫓아다니는 너도 똑같은 애지"라고 비아냥거렸다. 참다 못한 여동생도 규철이와 상종하지 않는 것으로 결론을 내렸다.

학교에서도 딱히 어울리는 친구가 없었다. 규철이는 친구들과 선생님을 '모조리 거지 같고, 쓰레기 같고, 밥맛없는 것들'이라고 저주했다.

처음에 매니저는 이런 규철이와 대화를 나눌 때마다 가슴속 깊은 곳에서 뜨거운 무엇인가가 치밀어 오르는 것을 느꼈다. 그럴 때마다 울분을 억누르며 매니저는 침착하게 대답했다.

"네 생각에도 일리가 있네."

"……."

무슨 말을 해도 단박에 싸우자고 덤비던 규철이. 그런 규철이도 매니저의 이런 반응에 점차 전의를 상실하기 시작했다. 내 편과는 싸움을 벌일 수 없기 때문이었다.

규철이의 웃음

매니저는 규철이와 처음으로 대화를 나눈 뒤, '절대로 규철이에게 화를 내지 않겠다'고 스스로에게 약속했다. 이러한 자기와의 약속을 지키기 위해 매니저는 가슴을 쓸어내리며 인고의 시간을 보냈다.

한 달, 두 달이 지나면서 규철이는 점차 마음의 문을 열기 시작했다. 매니저는 규철이를 부드럽게 감싸 안으면서도 절대 양보할 수 없는 사안에 대해 강하게 맞섰다.

"규철아, 이번 방학 전략에 대해서 들어 볼래? 1단계는 수학을 게 정복하는 거야. 우선 불안한 파트 몇 개를 집중적으로 정리하자. 너는 논리적으로 따져서 생각하는 능력이 탁월하고 수학에도 소질도 있어. 또 원리를 깨치면 응용력도 뛰어난 편이니 충분히 해낼 수 있어."

"매니저님, 왜 이렇게 저를 띄워 줘요? 점심에 먹은 게 체하셨어요?"

"이런, 나 아직 점심도 안 먹었는데. 매니저가 너한테 보여 줄 게 있어. 여기 보이지? 이게 너의 수학 점수를 기준으로 갈 수 있는 대학과 학과야. 수학 점수는 입시에 굉장히 중요한 영향을 미치거든. 어때?"

"…… 제 수학 점수로 이 대학을 갈 수 있다고요? 말도 안 돼요."

"야, 매니저가 입시 컨설턴트 경력이 얼마인데 내 말을 못 믿냐? 수학 점수만 놓고 보면 이 정도 대학은 갈 수 있어. 문제는 다른 과목이지. 수학이 되는데 다른 과목 때문에 목표를 낮춰야 한다면……. 규철아, 매니저는 도저히 아까워서 그렇게는 못 하겠다."

매사에 거칠게 반응하던 규철이는 매니저의 설명에 귀를 기울였다.

"버린 과목만 다시 주워 담으면 될 텐데……. 내가 버린 과목에 대한 전략도 세워 봤는데, 혹시 관심 있으면 한번 들어 볼래?"

규철이는 이제껏 의자 등받이에 기댔던 상반신을 곧추세우며 책상에 바투 다가와 앉았다. 그리고 6개월 만에 드디어 처음으로 매니저에게 웃어 보였다.

"매니저님의 말을 듣고 보니 일리가 있네요."

지난 6개월 간 규철이는 매니저의 모든 말에 반박하고 저항했다. 그런 규철이가 처음으로 매니저의 말에 수긍을 한 것이다! 매니저는 이 사실이 도무지 믿기지 않았다.

지금까지 규철이는 우리가 사는 이 견고한 성 밖에서 애써 무심한 척 외면하고 있었다. 매니저는 지난 6개월 동안 규철이가 딛고 선 그 금 언저리를 서성이며 규철이가 어서 빨리 한 발짝 내디뎌 성 안으로 들어오기를 간절히 바랐다. 마침내 규철이는 매니저가 내민 손을 잡은 것이다. 이제 규철이는 자기 스스로 그 손을 움켜쥐고, 매니저를 딛고, 과감하게 세상으로 뛰어들 준비를 하고 있었다.

▶▶ 타입 프로파일 ◀◀

대표 입말	"이건 왜 이런 거예요?"
공부 행동	자기만의 방식으로 공부한다. 시간을 들여 손 학습을 하는 것은 비효율적이므로, 짧은 시간 효율적으로 공부하는 것을 선호한다. 자신이 중요하다고 생각하는 것만 공부하므로 좋은 성적을 받는 것은 드문 일이다.
성격	삐딱한 태도와 관점이 특징이다. 기존 시스템을 그대로 받아들이지 않고 왜 그래야 하는지 의문을 가지는데, 어른들이 납득할 수 있게 설명해 주지 않기에 이런 성향은 더 심해진다. 이런 태도는 주변 사람들에게 상처를 주게 되니 주의해야 한다.
스트레스 원인	사람들이 자신을 이해하지 못한다며 스트레스를 받는다. 하지만 이런 속내를 나눌 사람이 없어 심리적으로 외로운 상태다. 겉으로는 이런 상황을 신경 쓰지 않는 척하지만, 실제로는 사람들에게 인정을 받고 싶은 학생이다.

목표를 세우고 과정에 충실하라

—

1. 미래의 비전을 만들고 그 과정을 구체적으로 그려라

대부분의 학생들은 목표를 이루기 위해서, 시험 성적을 잘 받기 위해서, 부모님을 위해서 등의 다양한 이유로 공부한다. 하지만 세상이 부조리하다고 생각하는 아웃사이더 타입의 학생은 절대로 남들처럼 공부하지 않겠다고 선언한다. 그리고 이런 생각은 스스로가 중요하다고 생각하는 과목에서조차 좋은 성과를 얻는 것을 방해한다.

중요한 것은 학생이 원하는 미래를 현실로 만들기 위해서는 과정이 필요하다는 것을 일깨워 주는 것이다. 목표를 이루기 위해 무엇을 공부해야 하는지, 그 분야의 전문가에게 요구되는 역량은 무엇인지, 어떻게 부족한 점을 극복할 수 있을지를 구체적으로 그려 보자.

2. 수업을 제대로 듣는 것은 모든 공부의 시작이다

아웃사이더 타입의 학생은 수업을 열심히 듣고 학교 생활을 성실히 하는 것을 의미 없다고 생각한다. 하지만 수업에 집중하지 않는 순간, 학교에 머무는 아침 9시부터 오후 4시까지는 버리는 시간이 되고 만다. 24시간 중 7시간을 제대로 활용하지 못하는 셈이다.

아웃사이더 타입의 학생은 지금부터 이를 명심하고 수업에 집중하기 위해 노력하자. 수업 시간의 기본 원칙은 선생님의 말씀을 경청하고, 중요한 내용을 제대로 필기하는 것이다.

3. 연습장 활용으로 수학 공부의 수준을 높이자

학년이 올라갈수록 수학 문제는 풀이 과정을 잘 정리하지 않으면 결단코 해결할 수 없다. 풀이 과정 자체가 여러 개의 단계로 구분되기 때문이다.

연습장을 활용해 문제가 요구하는 것을 분석하고 풀이 전략을 도출하여 정확하게 해결하는 능력을 키워 보자. 단순히 풀이 과정을 쓰는 것을 넘어 문제를 분석하는 연습장 활용 방법은 아래와 같다.

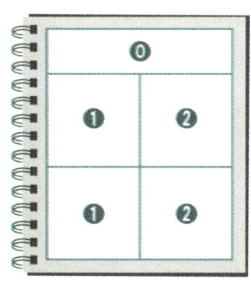

1) ❶에는 문제집, 페이지, 문제 번호, 학습 날짜를 기록한다.

2) ❶에는 문제를 간단히 정리하고, 그에 맞는 풀이 과정을 기록한다.

3) ❷에는 문제 풀이에 필요한 개념 및 전략을 단계별로 기록한다.

미래에 대한 욕심을 자극하라

아웃사이더 타입의 학생은 자기만의 주장이 뚜렷하다. 자신만의 논리로 구축한 세계가 학생의 마음속에 완고한 성을 이루고 있어서, 그 논리를 거부하는 사람에게는 마음의 문을 열지 않을 뿐만 아니라 적개심마저 표출한다.

자신의 생각이 근거 없이 무시당할 경우 부모님이나 선생님에게도 공격적인 반응을 보인다. 그래서 어른들에게서 버릇없고 감당하기 어려운 학생이라는 비난을 받곤 한다.

부모님은 자식이 명랑하고 긍정적인 사람으로 자라기를 바라지만, 정작 학생은 자신이 타인과 원만하지 않다는 사실에 크게 괘념하지 않는다. 또 자신보다 탁월하다고 판단이 드는 사람만을 인정하는 경향이 있기에 또래 친구들과도 원만히 섞이기 어렵다.

아웃사이더 타입의 학생에게 지금 가장 필요한 것은 누군가가 자신에게 직언을 해도 받아들일 의사가 있는 멘토다. 진심 어린 충고를 반발 없이 받아들이게 할 정도로 깊은 신뢰 관계를 맺고 있는 누군가가 필요한 것이다.

그리고 그 관계를 위해서는 학생에 대한 전폭적인 이해와 인정이 먼저 이루어져야 한다. 아웃사이더 타입의 학생은 자신의 논리가 반박되면 자기의 존재 자체가 거부되었다고 생각하는 경향이 있기 때문에 멘토는 학생의 주장이 옳다면 깨끗하게 그 생각을 인정해 주는 것도 필요하다.

자신에 대한 내적 신념이 높은 학생이므로 학생의 미래에 대한 욕심을 자극하는 것이 가장 핵심적인 해법이다. 아집 때문에 잘못 고착된 학습법에 대한 개선도 필요하며, 몸과 손을 써 가며 근면하게 공부하는 방향으로 공부 버릇도 바꾸어야 한다.

규칙에 대한 반발심과 치밀한 자기 관리 능력의 부족, 그리고 시험이나 성적에 대한 학생의 냉소적 자세 또한 만족할 만한 성적이 나오지 않는 원인 중 하나다. 스스로 불필요하다 생각되는 과목을 등한시하는 성향도 당장 개선해야 한다.

꿈 계획하기

◉ 스스로 학습 동기를 부여하는 데에는 꿈을 명확히 하고 과정을 계획하는 것이 도움이 된다. 다음 과정에 따라 구체적으로 그려 보자.

꿈을 명확히 하고 계획하기

내가 꿈꾸는 미래는 어떤 모습인가?	
하고 싶은 일은 무엇인가?	
그 일을 하기 위해 필요한 공부는 무엇인가?	
어떤 학과에 진학하는 것이 도움이 되는가?	
해당 학과가 있는 대학을 조사하고 그중 관심 있는 대학 세 군데를 적어 보자.	
대학의 입학 정보를 살펴 해당 학과에 입학하기 위해 필요한 조건을 적어 보자.	• 수능 등급 : • 내신 성적 : • 독서 활동 : • 교내 활동 : • 봉사 활동 : • 기타 :
지금 나의 성적을 입학 조건과 비교해 보고, 더 힘써야 할 것은 무엇인지, 어떤 노력을 할 것인지를 적어 보자.	

"자기주도학습으로
고등학교의 벽을 넘다"

Type7 아웃사이더 김용호(고3)

전체 석차 336등 → 54등

중학교 때 저의 가장 큰 공부 습관은 '벼락치기'였습니다. 시험 바로 직전에 외우면 더 기억이 잘 나는 것 같았고, 실제로 중학교 시절 내내 이러한 방법으로 최상위권을 유지했습니다. 그렇다 보니 시험 기간이 아닌 때는 공부할 이유가 없었고, 당연히 학원 수업 이외에 혼자 공부하는 시간도 전혀 없었습니다.

다행히도 중학교를 상위 3퍼센트 성적으로 졸업하고, 자율형 사립고에 입학하게 될 때쯤 여기저기서 많은 조언을 들었습니다. "고등학교 공부는 중학교 때랑 달라서 성적이 많이 떨어질 수 있다"는 얘기였습니다.

하지만 그 말을 한 귀로 흘려 들은 채, 중학교 3학년 겨울방학을 선행 학원 몇 군데를 다니며 어영부영 보내고 고등학교에서 첫 중간고사를 치르게 되었습니다. 이때도 그동안의 습관처럼 벼락치기만 믿고 있었죠.

그런데 결과가 충격적이었습니다. 시험 문제는 너무나 어려웠고, 하룻밤에 공부하기에는 범위가 너무 넓었습니다. 전날 공부한 것도 전혀 소용이 없었습니다. 평균은 60점 이하로 떨어졌고, 심지어 중학교 내내 100점을 기록했던 수학은 30점대를 기록했습니다. 이때 처음으로 미래에 대해 암담함을 느꼈습니다. 이즈음, 진심으로 내 소리에 귀 기울이는 매니저님을 만나게 되었습니다. 평소에 남의 말을 귀담아 듣지 않던 나에게 언젠가부터 매니저님의조언이 들리기 시작했습니다. 내 공부인데, 나보다 더 고민하고, 나보다 더 준비를 많이 하는 매니저님의 정성에 난생 처음으로 마음의 문이 열렸습니다.

일단 마음의 문을 열고 나니 고쳐야 할 것이 너무나 많았습니다. 가장 급하게 수정해야 할 것은 무계획적인 공부 습관이었습니다. 하루 단위에서 학기 단위에 이르기까지 매일 해야 할 공부를 정한다는 것은 벼락치기 습관에 젖은 저에게는 어색하고 어려운 도전이었습니다. 하지만 지금은 이 과정을 이겨내고 거의 모든 계획을 빠짐없이 지키며 제대로 공부하고 있습니다.

김용호 학생이 말하는 TYPE7 아웃사이더 공부법

"나를 믿어 주는 멘토를 찾아라"

멘토라 말 할 수 있는 매니저님과의 상담을 통해, 저는 단순히 성적을 올리는 공부 방법을 넘어서, 한 사람으로서 타인에 대한 존중의 마음을 배웠고 삶을 살아가는 태도도 더 성숙해졌습니다.

온통 못마땅한 것이 많아 말을 섞기 싫었던 주변의 어른이나 친구들에 대해서도 좀 더 유연하고 넓은 이해심으로 대할 수 있게 되었습니다.

생각지도 못했던 형편없는 점수에 좌절하고 분노했던 마음이 안정되자 비로소 내 자신의 잘못이 보이고 공부를 더 잘 할 수 있는 길을 찾게 되었습니다.

TYPE

8

멘토가 너무 많아.
진짜 전문가를 찾아라

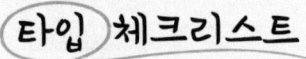

타입 체크리스트

아래 체크리스트는 모두 10개의 문항으로 구성되어 있다.
자신에게 맞는 문항에 체크해 보자.

▬

- [ ] 성적을 올리는 절대 공부법이 있다고 생각한다.

- [ ] 최상위권 친구들이 공부하는 교재가 무엇인지 궁금하다.

- [ ] 모두가 반대해도 내 생각이 맞다고 생각하면 바꾸지 않는다.

- [ ] 학습 전문가의 공부법을 따라해 본 적이 있다.

- [ ] 공부를 잘하고 싶은 욕망이 큰 편이다.

- [ ] 시간을 들여 노력하는 것보다 한 번에 쉽게 할 수 있는 방법을 더 선호한다.

- [ ] 평소에 학습법 관련 책을 즐겨 읽는다.

- [ ] 뭐든 말로 다 할 수 있다고 호언한다.

- [ ] 다른 사람의 말을 흘려듣는 경우가 많다.

- [ ] 약속을 지키지 않는 경우가 종종 있다.

▲

☑ 8개 이상 : **Type8**이 확실해요.
5~7개 : **Type8**이 의심됩니다.
5개 미만 : **Type8**이 아니군요.

비법에 목마른 아이

논쟁1. C step 도전기

"매니저님, 이제부터 시간 절약 차원에서 수학 문제집은 C step만 풀래요."

"하지만 창훈아, 아직 개념이 부족한데 무턱대고 고난이도 문제만 붙잡고 있으면 비효율적일 것 같은데."

"제가 『수학 천재 따라잡기』라는 책에서 읽었는데, 거기서 난이도 높은 문제에 도전해야 실력이 는대요."

"난이도 높은 문제에 도전해야 하는 것은 맞아. 하지만 기초가 부실하면 일단 문제가 잘 이해되지도 않을 뿐만 아니라, 어찌어찌해서 문제를 푼다 해도 허점이 많이 보일 거야, 그때는 어떻게 할래? 기본서와 기초 문제를 생략하면 위험해."

매니저는 떼를 쓰는 창훈이를 달래듯 말했다. 하지만 창훈이는 끄떡없이 고집을 피웠다.

"C step 문제를 풀게 됐다는 것은 개념을 다 이해했다는 거잖아요. 그 책에서는 쉬운 문제만 맨날 풀고 있어 봤자 원리까지 도달하지 못한다면서 꼭 심화 문제를 정복하라고 하던걸요. 제가 그동안 수학 점수가 나빴던 이유를 이제야 알 것 같아요. 이렇게 고2가 끝나 갈 무렵에 그 비밀을 알아내다니 너무 아쉬워요. 진작에 알았더라면 수학 공부를 제대로 했을 텐데……."

"그동안 어려운 문제는 무조건 포기했던 습관은 반드시 고쳐야 하지. 그렇다고 이렇게 개념 파트를 생략하면 더 위험해. 찬찬히 다지는 게 좋겠다, 창훈아."

"에이, 시간도 없는데 언제 그렇게 해요. 매니저님이 그 책의 저자보다 수학을 더 잘하시는 것도 아니잖아요. 오늘부터 C step 문제에 도전해 볼래요."

매니저는 결국 창훈이의 고집을 꺾지 못했다. 창훈이는 문제집의 소단원마다 두 페이지씩 수록되어 있는 고난도의 C step 문제만을 계획표에 배분하면서 만면에 뿌듯한 미소를 지었다. 창훈이는 속으로 '역시 수학 공부의 비법은 따로 있었고, 이제 난 그 비법을 알게 되었으니 수학 정복은 시간 문제'라며 기뻐했다.

일주일간의 C step 도전기 동안 창훈이가 완벽하게 해결한 문제는 거의 없었다. 문제집의 여백에는 풀어 보려다 멈춘 낙서와도 같은 흔적들만 가득했다. 일주일의 공부 계획이 틀어진 것은 물론이려니와, 그 덕에 다른 과목 계획까지 엉망진창이 되어 버렸다.

논쟁2. 영어 주간 선포

"매니저님, 앞으로 일주일 동안은 일단 영어만 공부해야겠어요."

"창훈아, 방학이 그리 길지 않은데, 일주일 동안 영어만 붙들고 있으면 다른 공부 계획이 틀어질 거야. 그리고 한 과목만 하루 종일 붙잡고 있는 것은 오히려 비효율적이야. 해야 할 공부를 일주일 동안 적절하게 분배해서 계획표를 좀 탄력적으로 짜 보자."

"어제 『수능 영어의 왕도』라는 책을 샀거든요. 거기에 이런 구절이 있었어요. '영어는 단지 입시를 위한 과목에서 끝나는 것이 아니라 미래를 준비하는 경쟁력이다. 영어가 취약하다고 생각되는 학생이라면 집중된 시간 투자를 하는 것이 바람직하다' 이 글귀를 읽는 순간 뭔가 가슴에 팍 와 닿았어요."

"창훈아, 그 말이 맞는 말이기는 하지만 지금 너에게는 적합하지 않은 것 같다."

"매니저님도 아시겠지만 제가 영어 점수가 좀 안 나오잖아요. 그냥 찔끔찔끔 공부해서는 영어를 정복하기 어렵다니까요. 영어 주간이 끝나면 그다음에는 언어 영역 주간을, 또 그 다음에는 수학 주간을 이어 갈 거예요. 어차피 결과적으로는 공평하게 공부한 셈이니까 자신 있어요."

한번 고집을 피우면 아무도 못 말리는 창훈이의 고집이었다. 부모님도 이미 오래전에 두 손 두 발을 들었다고 한다.

창훈이는 영어 주간을 위해 단어장, 독해집, 문법책부터 리스닝을 위한 mp3 플레이어에 이르기까지 집에 있는 모든 영어 관련 교재와 학습 도구를 끌어와 학습실 책상에 한가득 꽂아 두었다. 그런데 그렇게 호기롭게 시작한 창훈의 영어 주간은 불과 3일만에 자발적으로 종료되었다. 이유는 간단했다. 지루했기 때문이었다.

창훈이는 공부를 시작한 지 두 시간이 넘자 꾸벅꾸벅 졸기 시작했다. 영어 공부가 지겨울 때쯤 수학책을 펴고, 수학이 물릴 때쯤 언어를 공부하는 다른 아이들 옆에서 창훈이는 줄창 영어 교재만 붙들고 늘어졌다. 그렇다 보니 한두 시간만 지나면 책상에 엎어져 정작 잠을 자는 데 '집중된 시간 투자'를 하기 일쑤였다.

결국 3일 동안 영어 한 과목만 집중적으로 공부한 창훈이의 공부량은 여러 과목을 병행했던 다른 학생들의 영어 진도에 절반도 못 미치는 수준이었다.

논쟁3. 공부의 원리 선언

한동안 잠잠하던 창훈이의 고집은 또 다른 공부법 책을 만나면서 다시 불타오르기 시작했다. 이제 진로를 정했다며 상기된 표정으로 매니저의 방문을 박차고 들어온 창훈이는 옆구리에 『나의 서울대 입학 성공기』라는 찬란한 제목의 책을 끼고 있었다.

"매니저님, 서점에서 이 책을 발견했는데 역시 공부를 잘하는 사람들에게는 어떤 비법이 숨어 있었어요."

창훈이는 흥분된 표정을 감추지 않고 말을 이었다.

"진작 이 비법을 알았다면 이렇게 방황할 필요가 없었을 텐데 억울하기 짝이 없어요. 하지만 늦었다고 생각할 때가 가장 빠른 법이라는 말도 있듯이 지금부터라도 열심히 해 보려고요."

"……."

창훈이는 비장함에 떨리는 목소리로 매니저 앞에서 결의를 다졌다. 게다가 공부 천재들의 육성에 귀 기울이다 보니 자신도 그들처럼 서울대에 합격하게 될 것이라는 확신이 든다고도 했다. 창훈이가 발견한 공부 천재들의 육성이란 이런 것이었다.

> 첫째, 한 번에 너무 많이 하려고 욕심내지 않았어요. 공부는 마라톤 경주와 같으니까요.

공부에서 성급한 과욕은 금물이라는 이 책의 철학적 진리가 창훈이의 가슴 속에 금언처럼 아로새겨졌다. 창훈이는 비결이라 할 것도 없는 이 평범한 진리를 단박에 자신의 스케줄에 적용했다. 문제집은 한 과목당 하루에 2페이지 이상을 풀지 않을 것이며, 한 과목을 일주일에 두 번 이상 공부하지 않겠다는 해괴한 선언을 한 것이다. 하지만 수능을 코앞에 둔 창훈이가 이런 방식으로 공부하다가는 1년 동안 한 권의 문제집도 제대로 풀기 어려운 상황이었다.

> 둘째, 어려서부터 문학 작품을 손에서 놓지 않았어요.

언어 영역 실력이 풍부한 독서 경험에서 비롯되었다는 어느 서울대생의 조언도 창훈이의 가슴에 큰 울림을 남겼다. 언어 영역에서 늘 자신감이 없었던 자신의 한계가 어디에서 비롯된 것인지 드디어 알게 되었다는 것이었다.

창훈이는 깨달은 바를 무리한 실천으로 발 빠르게 연결시켰다. 한국 문학의 주요 작품을 섭렵하겠다면서 A4 네 장 정도에 빼곡히 적힌 한국 소설 목록을 매니저에게 내밀었다. 계획표에 반영해 보자는 것이었다. 창훈이는 일주일에 10편 정도씩만 읽으면, 아쉬운 대로 수능 전까지 얼추 해결할 수 있을 것 같다는 분석까지 덧붙였다.

"창훈아, 언어 영역은 크게 비문학과 문학으로 나뉘고, 문학은 다시 시와 극, 고전 등으로 나뉘어. 거기에 쓰기와 듣기 영역까지 있으니 고전만 읽는다고 능사가 아니야."

매니저가 언어 영역 과목의 구조를 짚어 주어도 창훈이는 막무가내였다.

셋째, 문제 풀기보다 기본에 더 집중했어요.

생각하기에 따라 지극히 지당한 말들에 대해 창훈이는 감탄할 때가 있었다. 무턱대고 문제집만 많이 풀어서는 안 된다는 이 말에 창훈이는 아예 문제집을 풀지 않겠다고 선언했다.

심지어는 이제까지 잘 정리해 오던 오답노트를 만드는 것도 거부했다. 그동안 문제에 너무 집착했던 것이 오히려 큰 문제였다며, 창훈이는 틀린 문제를 분석할 시간에 기본에 집중하겠다는 확고한 의지를 보였다.

매니저의 만류에도 불구하고 창훈이가 교육청 모의고사 시험지를 쓰레기통에 버리고 돌아왔을 때, 매니저는 창훈이를 보면서 어떤 막막함마저 느꼈다.

넷째, 잠을 충분히 잤어요. 졸리면 집중력이 흐려지니까요.

이 비법에도 창훈이는 격한 반응을 보였다. 이제부터는 11시 이전에 무조건 잠자리에 드는 습관을 들여야겠다는 것이었다. 생각해 보니 그동안 학습 능률이 떨어졌던 원인도 수면 부족 때문이었다며 억울한 표정을 지었다.

11시 이전에 잠이 들려면 적어도 10시 이전에는 모든 공부를 멈추어야 했다. 그런데 이 계획은 예비 수험생에게 지나치게 여유로운 일상이었다. 창훈이는 책 속의 주인공들이 말하는 충분한 수면 시간이 5시간 남짓이라는 사실에는 전혀 관심도 없었다.

다섯째, 영어 단어는 지문을 통해 익히는 편이었어요. 문맥을 통해 자연스럽게 익혀야 기억에도 오래 남거든요.

창훈이가 외국어 영역에서 4등급을 받아 온 일등 공신은 뭐니뭐니 해도 창훈이의 턱없이 부족한 어휘력이었다. 까먹는 단어의 개수가 새로 익히는 단어를 추월하는 현상도 비일비재했다. 기본 단어장을 수능 전까지 병행해도 안심할 상황이 못 되었다.

그런 창훈이가 이제부터 오로지 지문을 통해서만 새로운 단어를 익히겠노라고 고집을 피웠다. 자연히 창훈이가 하루 동안 공부하는 독해 지문은 고작 2~3페이지. 결국 창훈이가 새로 익힐 수 있는 단어는 10개 남짓이었다.

논쟁4. 세상에 존재하는 모든 권위자들과 맞서며

창훈이와 매니저 사이에는 언제나 누군가가 존재했다. 바로 창훈이가 인정하고, 믿고, 따르는 수많은 공부법 책의 저자들이었다. 창훈이만을 위한 매니저의 전략은 이들의 조언에 번번이 밀려났다.

창훈이에게는 마치 성경처럼 간직하는 몇 권의 공부법 책들이 있었다. 매니저가 제시한 공부 방법이 그 책의 내용과 조금이라도 어긋나면, 창훈이는 여지없이 매니저의 조언을 반사했다. 매니저는 언제나 창훈이가 신봉하는 학습법의 저자들과 싸워야 했다.

매니저가 싸워야 할 대상은 여기서 그치는 것이 아니었다. 창훈이는 같은 반 1등의 행동을 따라하는 습관이 있었다. 성공하는 사람의 습관을 모방하는 것이 나쁠 것은 없지만, 문제는 적용 방법에 있었다.

어느 날 갑자기, 창훈이는 최상위 난이도의 응용 문제로만 채워진 수학과 과탐 문제집으로 교재를 바꾸겠다며 고집을 부렸다. 1등 하는 친구가 추천해 주었다는 것이었다.

창훈이는 몇 배의 시간을 투자해서 고작 몇 문제도 해결하지 못하는 고역의 시간을 맛본 뒤에야 슬그머니 그 교재를 사물함 깊숙이 집어넣었다.

'빠르게 결심하고, 과감하게 실천하고, 깊은 실패를 맛보는 악순환'. 그 수렁의 출발선에는 언제나 창훈이가 목말라하는 비법의 주인공들이 있었다. 한 권위자에 대한 맹신이 실패로 돌아갈수록 또 다른 비장의 묘안을 알려 줄 권위자가 더욱더 절실히 필요했다. 그 수렁에서 창훈이를 건져 낼 유일한 방법은 이제 매니저가 그 권위자가 되는 수밖에 없었다.

비법이 없는 진짜 세상

상담 시간이었다. 매니저는 침착한 목소리로 창훈이에게 작년에 매니저와 함께 공부한 어느 학생의 이야기를 들려주기 시작했다. 처음에 창훈이는 별 관심이 없는 듯 그저 시큰둥했다. 그런데 그 선배가 현재 서울대학교에 다니고 있다는 사실을 알게 된 후, 창훈이는 두 눈동자를 반짝이면서 의자에 바투 앉았다.

"그럼 매니저님이랑 공부해서 그 대학에 간 거예요?"

"그런 셈이지. 학원도 거의 다니지 않았으니까."

"와, 매니저님이 갑자기 위대해 보이는데요? 히히."

"그 형이 열심히 했으니 그렇지, 내가 위대할 것까지야……. 하지만 그 형은 매니저가 시키는 대로 잘 따라왔던 거니까 내가 조금 위대한 것도 사실이지. 흐흐."

매니저는 선배가 공부했던 학습 계획표를 꺼내 놓고, 교재부터 학습 분량 및 방법에 이르기까지 현재 창훈이가 고집하는 방식과 비교해 가며 조목조목 설명했다. 그동안 매니저의 모든 조언을 사라포바의 리시브처럼 강하게 튕겨 내던 창훈이는 처음으로 매니저의 말에 귀를 기울이기 시작했다.

성공 신화가 뒷받침되지 않은 말들을 완강히 거부하는 것이 창훈이의 단점이라면, 일단 스스로 인정한 권위자의 조언에 대해서는 전폭적으로 받아들이는 것이 창훈이의 장점이었다.

새로운 눈으로 매니저를 보게 된 창훈이는 다른 어떤 학생들보다 열심히 매니저의 조언을 따랐다. 객관적 근거에 약한 창훈이를 위해 매니저는 그동안 창훈이의 모의고사 분석표를 앞에 놓고 전략을 세웠다.

매니저가 작성해 온 모의고사 분석 리포트에는 앞으로 창훈이가 집중해야 할 세부 전략들이 적혀 있었다. 창훈이가 막무가내로 끼워 넣은 수준 이상의 문제집들은 계획에서 빠졌다. 계획에만 넣어 두었을 뿐, 거의 손도 대지 못했던 터라 창훈이도 반대할 수 없었다.

해묵은 습관을 단번에 버릴 수 없기에 창훈이는 그 후로도 종종 유명 인사나 전교 1등의 비결을 듣고 무리한 방법을 주장하곤 했다. 하지만 매니저에게는 창훈이의 무리한 시도가 만들어 낸 실패의 증거들과 그동안 찬찬히 쌓아 올린 성공의 논거들이 충분히 있었다.

창훈이는 무리한 고집을 버린 이후부터 조금씩 성장하고 있었다. 모든 문제를 단번에 해결해 줄 수 있는 비법이란 없었다는 사실을 인정하기까지 창훈이가 에둘러 온 길은 너무나 험난했다.

매니저가 창훈이가 쌓아 올린 권위자의 성벽 안으로 들어가게 된 것은 정말 다행스러운 일이었다. 매니저는 이제 창훈이가 안에서 닫아 건 빗장을 열고 '비법이 없는 진짜 세상'을 선보이려 하고 있었다.

▶▶ 타입 프로파일 ◀◀

대표 입말	"우리 반 1등은 이걸로 공부하는데요."
공부 행동	공부에 욕심이 많아 좋은 성적을 책임질 수 있는 특별한 학습법을 알고 싶어하기에 학습법 책을 즐겨 본다. 다만 그렇게 알게 된 학습법을 꾸준히 실천하지는 않아 효과를 본 경험은 거의 없다.
성격	다른 사람의 말에 귀 기울이지 않고 자기 생각을 강하게 고집한다. 특히 스스로 결정한 생각에 대해서는 부모님, 선생님은 물론 그 누구의 의견에도 귀 기울이지 않는다. 하지만 실제 성공 사례나 누군가의 경험담 같은 근거를 들어 이야기하면 학생을 설득할 수 있다.
스트레스 원인	스스로 인정할 수 없는 성적으로 스트레스를 받는다. 공부를 잘하고 싶은 마음도 있고, 좋은 학습법을 많이 알고 있다고 생각하는 학생이기에 정작 원하는 성과가 나오지 않는 상황은 큰 상처가 된다. 이런 상황이 반복되면 노력해도 좋은 결과가 나오지 않을 것이라 생각하고 결국 공부에 흥미를 잃을 수도 있다.

공부 실력을 파악하라

1. 자기 실력과 학습 이슈를 정확히 아는 것이 먼저다

학생들 모두가 자신만의 특별한 학습법 있을까? 대답은 Yes이기도 하고 No이기도 하다. 나만의 특별한 학습법은 전교 1등에게만 있는 것이 아니다.

사회 과목을 잘하는 A에게는 교과서 내용을 현실 사회에 적용할 수 있는 능력이 있는데, 이는 평소에 신문, 뉴스를 보며 사회 현상에 관심을 가지고 있기 때문이다. 수학을 잘하는 B는 어려운 문제를 극복하기 위한 자신만의 특별한 오답노트 정리 원칙이 있다.

비법은 바로 개개인의 장점을 살리고 문제점을 보완했기에 가능했다. 자신의 공부 실력과 극복해야 할 취약점이 무엇인지를 정확히 아는 것부터 나만의 학습법을 만드는 첫 번째 과정임을 꼭 기억하자.

2. 주요 과목을 공부하는 나만의 공부 순서를 정하고 실천하자

국어, 영어, 수학은 과목의 특징이 뚜렷하여 공부 순서가 명확하다. 큰 그림에서 봤을 때, 국어, 영어, 수학의 공부 순서는 대다수 학생에게서 비슷하게 나타나겠지만, 나의 취약점에 따라 그 방법은 더 세분화될 수 있다. 주요 과목의 일반적인 공부 순서를 참고하여 나만의 공부 순서를 정해 보자.

과목	개념 이해 과정의 공부 순서
국어	1) 모르는 단어 알기 : 한자어에 유의하여 단어 의미를 정리하기 2) 단원의 길잡이 : 학습 목표를 파악하기 3) 소단원 학습 : 지문의 의미 이해 및 학습 목표에 해당하는 내용 학습하기 4) 문제 풀이 : 지문의 의미를 이해했는지 확인할 수 있는 기본 문제 풀기
영어	1) 모르는 단어 알기 : 단어의 품사에 유의해 동사형/형용사형/명사형을 한 번에 정리하고 암기하기 2) LESSON의 대표 문법 파악 : LESSON에서 다루는 주요 문법이 무엇인지 알고 학습 목표 파악 3) 본문 학습 : 영문 해석 및 내용 학습, 대표 문법의 사용 문장 익히기 4) Exercise : LESSON 대표 문법의 적용 및 영작을 통한 활용
수학	1) 연관된 이전 학년 개념 확인하기 2) 개념 학습 : 수학 개념어 정리 3) 공식 학습 : 대표 공식의 유도 과정을 알고 공식 암기하기 4) 유제 풀이 : 개념 및 공식을 적용하여 유제를 풀고, 개념 학습을 점검하기 5) 유형 풀이 : 개별 유형과 유형별 접근법을 익히기 6) 오답분석 : 틀린 이유와 틀린 문제 풀이법을 익혀 같은 문제를 두 번 틀리지 않도록 하기

자신에게 최적화된 공부법을 찾아라

―

고집쟁이 타입의 학생은 공부를 잘하는 학생으로 보이기를 늘 갈망한다. 그러하기에 '비법'을 알고 있는 절대자의 말에 전적으로 순종하는 경향이 있다. 책으로 만나는 학습 전문가, 늘 1등을 도맡아 하는 친구들이 그 절대자에 속한다.

하지만 이론상으로는 이미 최상위권인 것에 비해 몸은 게으르고 잠도 많으며, 실천력도 떨어지는 편이다. 여기저기서 수집해 놓은 지식들로 섭렵했기에 걱정하는 부모의 잔소리에는 결코 귀를 기울이지 않는다. 부모들은 흔히 이런 고집쟁이 타입의 자녀들을 보고 "말로는 당해 낼 재간이 없다"고 푸념한다.

유능한 사람의 탁월한 점을 따라하는 것은 지혜로운 방법 중 하나이다. 그러나 고집쟁이 타입의 학생은 정상을 유지하는 이들의 핵심 비법인 '우직한 노력'은 간과한 채, 주로 따라 하기 쉽고 비본질적인 온갖 요령들을 익히려고 해서 문제가 된다.

자신에 대한 진지한 성찰 없이 1등들의 전략을 짜깁기한 탓에 공부법에도 구멍이 많다. 턱없이 높은 난이도의 교재로 전과목의 계획을 수립하는가 하면, 시급한 시험 준비를 제쳐 두고 난데없이 어학 공부를 시작하기도 한다. 타인의 시선을 의식하기에 틀린 문제도 표시를 하지 않는 경우가 많으며, 아예 답지를 펴 놓고 공부를 하는 나쁜 습관이 있는 경우도 종종 있다.

저 까마득한 곳만을 선망하는 학생의 시선을 붙잡아, 지금 현재 자신의 참된 모습을 직시할 수 있도록 이끌어 주어야 한다. 성적표나 대학 배치표와 같은 객관적 자료가 뒷받침된다면 설득력을 높일 수 있다. 자신에게 최적화된 올바른 공부의 비전을 찾았을 때, 자기 과시욕과 열등감이라는 상반된 마음의 질곡으로부터 벗어나 비로소 제대로 된 공부를 할 수 있다.

공부 이슈와 비법 찾기

⊙ 학습 이슈를 극복하는 공부 비법을 찾아 보자.

1단계 **공부 이슈 탐색**

자신이 어려워하는 과목을 찾고 이유에 대해 적어 보자.

> 잘 하고 싶은데 공부하기
> 어려운 과목은 무엇인가?

> 이 과목을 공부하기 어려운 이유는
> 무엇인지 3가지를 적어 보자.

2단계 **공부 비법 탐색**

1단계에서 적은 공부하기 어려운 이유를 해결할 방법을 적어 보자.
이미 실천하고 있는 방법이어도 되고, 새롭게 찾은 방법이어도 된다.

공부가 어려운 이유 1	

해결 방안 1

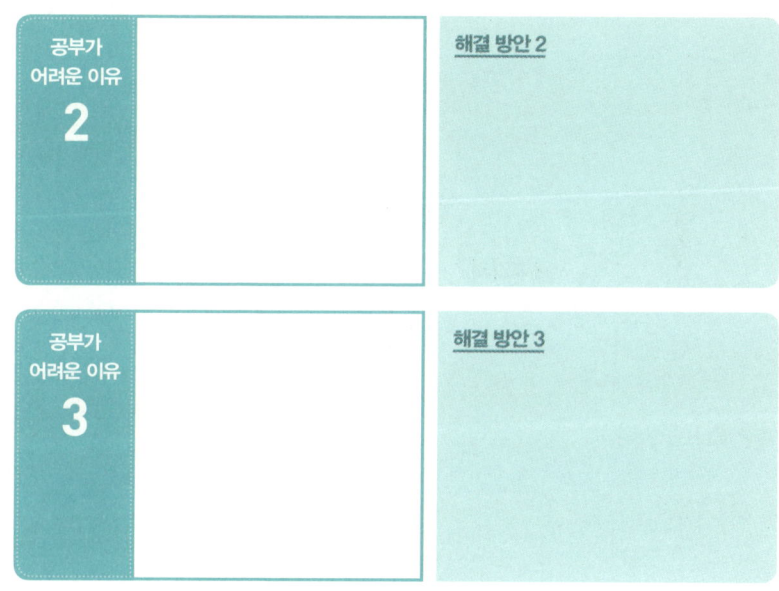

| 공부가 어려운 이유 2 | | 해결 방안 2 |
| 공부가 어려운 이유 3 | | 해결 방안 3 |

3단계 찾았다, 나의 공부 비법

꾸준히 실천할 수 없다면 비법이 될 수 없다. 해결 방안 1~3 중 꾸준히 실천할 수 있는 방안을 선택해 나의 공부 비법으로 정해 보자.

나의 공부 비법

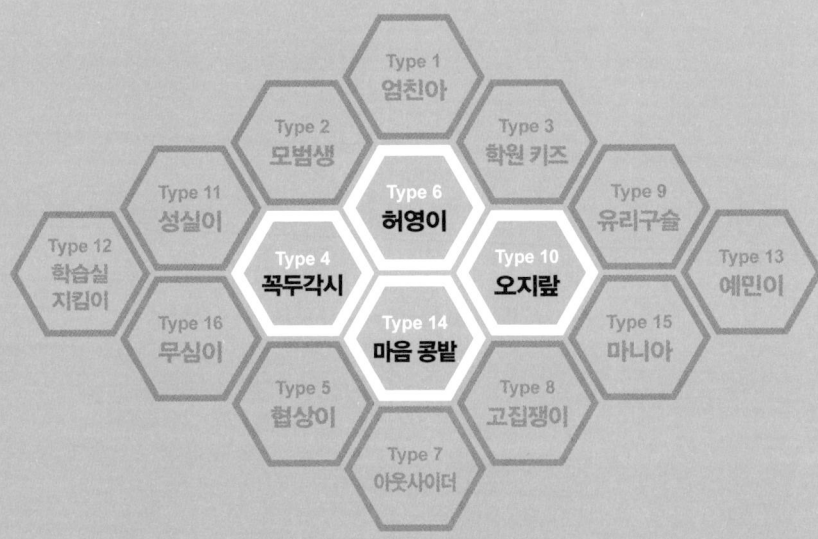

행동

Part 5

내 몸과
벌이는 전투

공부하는 내 이유를 찾아라

꼭두각시

엄마가 뭐라고
할 텐데……. 이렇게
해서 성적이 안 나오면
어쩌죠?

타입 체크리스트

아래 체크리스트는 모두 10개의 문항으로 구성되어 있다.
자신에게 맞는 문항에 체크해 보자.

—

- [ ] 내 생각을 고집하기보다는 다른 사람의 의견을 수용하는 편이다.

- [ ] 시간이 많이 걸리고 생각해야 하는 문제보다 빨리 끝낼 수 있는 문제를 푸는 것을 더 좋아한다.

- [ ] 그동안 대부분의 학원은 부모님이 알아서 결정해 주셨다.

- [ ] 꼭 하고 싶은 일이 없다면 부모님이 원하는 직업을 따르는 것이 무난하다고 생각한다.

- [ ] 시험을 볼 때 결과가 잘 나오지 않을까 걱정이 된다.

- [ ] 친구들의 기분이 어떤지 잘 파악하는 편이다.

- [ ] 부모님과 나누는 이야기의 대부분은 공부와 관련된 내용이다.

- [ ] 시험을 망쳤을 때 제일 먼저 떠오르는 것은 부모님의 실망이다.

- [ ] 스스로 공부와 관련된 계획을 세워 본 적이 없다.

- [ ] 일을 시작하기 전부터 일이 제대로 되지 않으면 어쩌나 걱정을 하게 된다.

▲

✓ 8개 이상 : **Type4**가 확실해요.
5~7개 : **Type4**가 의심됩니다.
5개 미만 : **Type4**가 아니군요.

나는 엄마의 아바타

—

마리오네트

"우리 유진이를 좀 설득해 주세요. 지금 우리 애한테 제일 필요한 건 '예전처럼 학원을 열심히 다녀야겠다'는 결심이에요. 갑자기 얘가 오늘부터 학원을 안 가겠다네요."

유진이의 어머니는 핸드백에서 학생의 스케줄이 빼곡히 적힌 시간표를 꺼내 매니저에게 건넸다.

"다음 달 계획표예요. 고1이면 수능이 내일모레라고 따끔하게 혼도 내 주시고. 어휴, 어떻게 나만 급해, 나만."

우두커니 앉아 있는 딸을 못마땅한 눈초리로 흘겨본 어머니는 말을 끝내자마자 바쁘게 방을 나갔다. 매니저와 유진이 사이에는 폭풍우가 휘몰아친 뒤 밀려오는 고요가 찾아왔다. 그리고 탁자에는 어머니가 던지고 간 다음 달 계획표가 놓여 있었다.

수학 학원 주 2회, 영어 학원 주 2회, 사회 탐구 학원 주 1회, 언어 영역 과외 주 2회, 수학 그룹 과외 월 3회, 영어 문법 특강 월 3회, 논술 학원 주말 반.

엄마의 머릿속에는 또 하나의 유진이가 있었다. 엄마의 사랑을 한 몸에 받고 있는 그 딸은 흠잡을 데가 없다. 머리가 좋은데다가 성실하기까지 하다. 이제 막 고1이 되었지만, 수능이 코앞인 듯 공부한다. 지치지도, 투덜대지도 않는다.

엄마는 그 멋진 딸을 위해 오늘도 학원을 헌팅한다. 학원 탐색에 있어서 엄마는 국가정보원급 실력을 자랑한다. 명문대 진학률이 높다는 학원과 유능하다고 소문난 선생님들은 엄마에게 프로파일링되어 곧 딸과 만나게 된다. 명성 높은 일류 선생님들과 수업을 받고 있는 딸의 모습은 한 폭의 그림처럼 아름답다. 엄마 머릿속에 살고 있는 딸 유진이는 그토록 완벽하다.

하지만 진짜 유진이에 대하여 이야기하자면 사정은 달라진다. 불패의 신화를 자랑하던 선생님들도 유진이를 만나면 불패의 영광에 금이 간다. 학생들의 성적 상승에 있어 '마이더스의 손'으로 이름난 그 선생님들은 유진이와 수업을 하면서 어느새 답답함에 가슴을 친다.

이런 '진짜 유진이'는 3개월에 한 번씩 꼭 엄마와 만난다. 그날은 바로 유진이가 성적표를 받아 오는 날이다. 고개를 숙인 채 유진이가 내민 성적표를 받아 든 엄마는 지금 자기 앞에 앉아 있는 딸이 지난 시간 동안 그토록 공을 들인 대상이라는 사실을 받아들일 수 없어 어리둥절하다.

엄마의 상상 속 유진이와 현실 속 유진이가 '툭' 소리를 내며 둘로 쪼개지는 순간이다. 엄마가 나무 막대기를 흔들 때마다 신명나게 춤추던 마리오네트의 줄들이 뚝 끊어지는 것이다.

아바타

초등학교 4학년 때였다. 유진이는 언제나 그랬듯 일주일 내내 학원 수업을 듣고 있었다. 여덟 개나 되는 학원을 다니자니 유진이는 바쁘고 힘겨웠다. 그때까지만 해도 유진이는 다른 아이들도 다 자기처럼 사는 줄 알았다. 엄마가 늘 이 정도 학원은 '기본'이라고 얘기했기 때문이다.

그러던 어느 토요일, 텝스 학원을 마치고 돌아오는 길에 유진이는 같은 반 아이들 여러 명을 만났다. 친구들은 유진이의 짝꿍 석호의 생일 파티에 가는 길이라고 했다.

"유진이 넌 어차피 못 가잖아."

민지가 샐쭉하게 쏘아 댔다. 유진이와 민지는 석호를 사이에 두고 은근한 신경전을 벌이고 있던 애정의 라이벌이었다. 민지뿐만 아니라 다른 아이들도 거들었다.

"너 오늘 같이 갈 수 있어? 거봐. 또 학원가야 하잖아."

실제로 유진이는 영어 학원을 마치고 나면 곧장 논술 학원으로 달려가야 했기에 생일 파티에 낄 형편이 못 되었다. 불현듯 유진이는 초등학교에 입학한 이후, 어떤 친구와도 제대로 어울려 본 적이 없다는 사실을 떠올렸다. 석호에게 줄 선물을 고르러 삼삼오오 짝을 지어 가는 친구들의 모습을 보면서 유진이는 길 한가운데서 한참을 울었다.

친구로 인한 상처는 중학교에 올라가서도 계속되었다. 중학생이 된 첫날부터 엄마는 성화가 대단했다.

"유진아, 이제부터 본격적으로 공부에 올인해야 할 시기야."

"네가 잠자는 동안 경쟁자의 책장은 넘어가고 있어."

"엄마 친구 아들은 중학교 올라가자마자 전교 1등을 했단다."

초등학교 때보다 유진이가 다녀야 하는 학원의 수는 더 늘어났다. 중학교 첫 중간고사에 대비하기 위해 동원된 학원 과외 선생님은 모두 일곱 명이었다.

중간고사 결과, 유진이는 반에서 16등을 했다. 엄마의 머릿속에 살고 있는 유진이와 현실의 유진이가 최초로 분리된 날이었다.

엄마는 크게 낙담하고 분노했지만 곧 흥분을 가라앉혔다. 이번 성적이 유진이의 진짜 실력이 아니라, '첫 시험에 긴장한 딸이 빚어낸 참사' 정도로 외면했기 때문이었다. 유진이 역시 엄마의 결론에 크게 안도했다. 왠지 듣고 보니 일리가 있는 것도 같아서였다.

이 사태에 대한 냉정한 평가는 다음 날 친구의 입에서 나왔다. 유진이의 성적표를 우연히 본 친구는 이해가 안 간다는 표정으로 물었다.

"야, 너는 그렇게 학원을 많이 다니는데, 성적이 왜 그러냐? 난 한 군데 밖에 안 다니는데도 너보다는 잘 봤는데. 난 네가 전교 1등이라도 할 줄 알았지."

친구의 목소리가 교실에 울려 퍼지자 아이들의 시선이 일제히 유진이에게 쏠렸다.

엄마의 CCTV

고등학생이 된 유진이는 여전히 주말에 수학 학원을 다니고 있었다. 특강을 마치고 돌아온 어느 날, 집에는 아무도 없었다. 책상에 앉아 숙제를 하던 유진이는 불편한 낌새를 알아채고는 얼른 뒤를 돌아보았다. 아무도 없었다. 주위를 둘러보았다. 그제야 천장 구석에 교묘하게 숨겨진 카메라를 발견했다.

방의 꼭지점을 이루는 한 모서리에는 언젠가부터 유진이의 뒤통수를 지켜보는 CCTV가 숨겨져 있었던 것이다. 갑자기 무서운 생각이 들었다. 7년째 잠자고 뒹굴던 그 방이 문득 낯설게 느껴졌다.

무서운 기분을 떨치고 싶어 유진이는 마루로 나와 TV를 틀었다. TV에서는 한 쌍의 남녀가 소개팅을 하고 있었다. 여자는 예쁘고 세련됐다. 앞에 앉은 남자는 그 여자에게 잘 보이고 싶은 눈치가 역력했다. 하지만 남자는 계속해서 여자에게 해괴한 질문을 반복했다.

알고 보니 남자의 말과 행동은 남자의 의지가 아니었다. 누군가가 이어폰으로 남자를 조종하고 있었다. 소개팅을 하는 남자는 옆방에서 조종하는 다른 남자의 말에 무조건 따라야 한다. 그것이 게임의 룰이었다.

오로지 남자를 골탕 먹이려는 의지로 똘똘 뭉친 누군가는 계속해서 남자에게 힘든 행동을 요구했다. 일그러진 표정으로 남자가 여자에게 이상한 행동을 할수록 방청객의 웃음소리도 커졌다. 유진이도 따라 웃어 보았다.

짐짓 우아하고 완곡하게 남자를 비난하던 여자의 인내심이 바닥날 무렵, 남자의 추태는 절정을 향해 치달았고 남자의 얼굴은 점점 더 울상이 되었다. 하지만 멈출 수는 없다. 남자는 본체의 말에 무조건 따라야 하는 아바타였기 때문이다.

한참을 보고 있던 유진이가 갑자기 괴성을 지르기 시작했다. 그리고 TV를 향해 리모컨을 집어던졌다. 리모컨과 건전지가 분리되어 마루에 흩어졌다. 유진이는 남자를 조종하는 옆방의 누군가에게 맹렬한 증오심을 느꼈다.

"제발 가만히 내버려 둬. 가만히 내버려 두란 말이야!"

유진이는 방으로 달려 들어가 모서리에서 자기를 지켜보던 CCTV의 렌즈를 거칠게 잡아 뜯었다. 그날 이후 유진이는 모든 학원을 거부했다. 일주일 뒤, 그렇게 매니저는 유진이를 처음 만나게 되었다.

유진이의 새로운 학습 계획표

유진이를 만난 지 한 달이 되던 날, 어머니가 매니저를 찾아왔다. 어머니는 지난번에 놓고 간 유진이의 학원 스케줄에 약간의 변화가 생겼다며, 새로 짠 계획표를 꺼내 놓았다.

매니저는 어머니가 꺼낸 계획표 바로 옆에 매니저가 설계한 유진이의 학습 계획표를 펼쳐 놓았다. 그리고 매니저는 한 장의 종이를 더 꺼냈다. 분석표였다.

일주일간 시간 분석	어머니 작성 계획표	매니저 작성 계획표
자기 공부 시간	0시간	38시간
학교 복습 시간	0시간	5시간
후행 학습 시간	0시간	8시간
기반 학습 시간	0시간	5시간
학교 수행 준비 시간	0시간	2시간
현재 불필요한 수업	텝스, 사탐, 영문법, 논술	0시간
무리한 진도 수업	수학 그룹 과외, 언어 영역, 수학 학원	0시간

"어머니, 유진이가 어떤 것을 이루길 원하세요?"

"당연히 최상위권으로 치고 올라가 좋은 대학에 합격하는 거죠."

"그러기 위해서는 유진이가 '공부'를 해야 할 텐데요, 어머니가 주신 계획표에는 유진이가 공부할 시간이 전혀 없습니다."

매니저는 단호하게 얘기했다.

"매니저님, 학원에서 배우는 것은 공부가 아니고, 노는 건가요?"

"노는 것은 아니지만, 공부하는 것도 아닙니다. 그냥 듣고 있는 거죠. 유진이는 학원에서 그저 듣고만 있습니다."

"그걸 매니저님이 어떻게 알죠?"

"유진이에게 학원에서 배운 내용을 물어보면 절반도 기억하지 못합니다. 심지어 학원에서 배웠다는 사실조차 기억하지 못하는 과목도 있고요."

"그럴 리가 없어요. 최고라고 소문난 선생님들에게만 수업을 받았는 걸요. 아직도 많이 배워야 하고요."

"배움은 이미 차고도 넘칩니다. 깨치는 시간이 필요해요. 깨치기 위해서는 혼자 고심해야 합니다. 다른 반짝 비결은 없어요."

"그랬다가 이 귀한 시간을 낭비하면 매니저님이 책임지실 건가요?"

"냉정하게 말씀드리면 유진이가 지금보다 더 나빠질 수는 없습니다. 느리더라도 혼자 해 보는 시간이 필요합니다. 이전보다 훨씬 많은 '진짜 공부'를 하게 될 겁니다. 그리고 유진이는 혼자 방치되는 것이 아니라, 제가 도울 거고요."

유진이의 어머니는 답답하다는 듯 한숨을 내쉬었다. 그러고는 직접 아이의 의견을 듣겠다며 유진이를 불렀다.

"유진아, 엄마 생각에는 한 달 쉬었으니 이제 다시 학원 수업을 받았으면 하는데, 넌 어때? 지난 달보다 학원은 두 개나 줄었어."

유진이는 고개를 숙인 채 엄마가 내민 시간표에 눈길도 주지 않았다. 마침내 어둡고 단호한 목소리로 유진이가 말했다.

"더 이상 학원에 가기 싫어."

두 권의 노트

엄마의 간섭이 사라지자 처음에 유진이는 혼란에 휩싸였다. 엄마의 생각은 유진이의 머릿속에 깊이 뿌리박힌 나침반처럼 17년간 유진이의 손발을 이끌었다. 그런데 억지로 나침반을 떼어 버리고 나니, 정작 어떤 것도 혼자 생각할 수 없었다. 유진이는 이제 매니저에게 매달렸다. 모든 것을 설명해 달라고 조르기 시작했다.

매니저는 유진이를 위해 두 권의 노트를 마련했다. 하나는 '개념 노트', 다른 하나는 '착각 노트'였다.

"유진아, 앞으로 '개념 노트'에는 유진이가 이해한 모든 개념을 자기 언어로 풀어 쓰는 훈련을 해 보자. 그리고 '착각 노트'에는 틀린 문제를 모아서 그동안 잘못 이해하고 있었던 사실을 바로잡아 보자."

학원을 모두 정리하고 나니, 유진이가 직접 노트를 정리할 시간은 차고도 넘쳤다. 그동안 학원 숙제에 밀려 많이 신경 쓰지 못했던 학교 수행 평가도 이제는 빼먹지 않고 챙길 수 있었다. 매니저는 유진이에게 새로 공부법을 알려 주었다.

유진이는 마치 처음 걸음마를 시작하는 아기처럼 혼자 하는 공부에 서툴고 어색해했다. 하지만 일단 걸음을 내디딘 아기가 다시 기거나 눕는 일이 없는 것처럼, 일단 훈련을 시작하자 유진이도 조끔씩 변해 가고 있었다.

얼마 뒤, 매니저를 만나고 첫 번째 시험이 끝났다. 늘 반에서 10등 중반을 맴돌던 유진이가 처음으로 7등을 기록했다. 학원을 다닐 때보다 잠도 더 많이 잤고, 조바심도 덜 냈다. '과연 학원 없이 될까?'라고 반신반의했던 유진이의 얼굴에 환한 미소가 번졌다. 유진이는 내 몸을 묶어 손발을 조정하던 끈을 끊어야만 더 힘차게 앞으로 달려나갈 수 있다는 것을 이번 시험을 통해 절실하게 깨달았다.

▶▶ 타입 프로파일 ◀◀

대표 입말	"엄마가 뭐라고 할 텐데……. 이렇게 해서 성적이 안 나오면 어쩌죠?"
공부 행동	대개의 공부를 사교육의 힘을 빌려 하고 있다. 그래서 성적이 만족스럽지 않을 때 공부 방법을 돌아보고 보완 방법을 생각하기보다는 학원을 변경하거나 추가하는 편이다.
성격	다른 사람의 기분에 예민한 편이다. 분위기 파악을 잘하며 친구들과도 무난하게 잘 지내는 편이다. 다른 사람의 요구를 잘 거절하지 못하고, 특히 부모님이 원하는 것은 대부분 수용하는 편이다.
스트레스 원인	학업 성과에 대한 부모의 높은 기대가 스트레스의 원인이 된다. 결국 학습 패턴은 흐트러지고 시험에서 준비한 만큼의 결과를 내지 못한다. 그리고 시험 결과에 부모님이 실망하는 상황이 반복되면 학생은 스스로에 대해 부정적인 인식을 갖게 되고 이는 생활 전반에 영향을 끼치게 되니 주의가 필요하다.

교과서로 개념 학습하라

—

1. 학습 행동을 분석하고 해결 방법을 생각하라

공부한 만큼 결과가 나오지 않는다면 그것은 공부 방법에 문제가 있기 때문이다. 현재 나의 학습 성과가 마음에 들지 않는다면 '혼자서 공부하는 시간은 얼마나 되는지', '개념을 제대로 이해한 후 문제를 풀고 있는지 혹은 그 반대인지', '틀린 문제를 정확히 알기 위해 점검하고 있는지'를 객관적으로 분석해 보자.

그 뒤, 이를 극복할 수 있는 방법을 생각해 나의 공부 원칙을 정해 보자. 원칙을 정한 후에는 실천이 무엇보다도 중요하다는 점을 명심해야 한다.

2. 교과서가 공부의 시작이다

해마다 수능 시험을 치르고 나면 수능 만점자를 대상으로 한 인터뷰 기사가 쏟아진다. 그런 기사에서 가장 흔히 볼 수 있는 내용이 '교과서 위주로 공부했어요'라는 말이다. 과연 교과서 위주로 공부하는 것은 가능할까?

보통 개념 학습을 실천하는 학생들의 교재는 자습서이다. 자습서는 핵심 내용을 정리해 놓아 개념을 정리하거나 생각하는 시간을 줄여 준다. 주어진 대로 받아들이게 할 뿐이다. 이런 경우, 각 단원의 주요 내용 흐름과 인과관계를 파악하기란 어렵다.

그러니 교과서로 개념 학습을 하고, 내용의 관계를 정리하는 것이 이후 개념을 문제에 적용할 때도 큰 도움이 된다. 자습서는 교과서 학습이 끝난 후 참고하는 것이 효과적이다.

3. 다른 사람에게 설명하며 점검하라

혼자서 공부한 후 가장 먼저 드는 생각이 '제대로 공부한 것이 맞을까?'이다. 이를 점검하는 방법에는 여러 가지가 있다.

1) 해당 단원의 문제를 풀어 보며 점검하기.
2) 백지에 공부한 내용을 생각나는 대로 쓰면서 점검하기.
3) 공부한 내용을 다른 사람에게 설명하며 점검하기.

세 번째 방법은 내용을 제대로 이해한 후, 이를 다시 자기 언어로 소화해야 하므로 가장 난이도가 높다. 또 설명할 대상이 없다면, 혼자서 누군가에게 설명하듯이 중얼거리는 것도 방법이다. 스스로 점검하는 방법을 하나씩 실천해 보고 자기에게 맞는 방법을 찾아 보자.

공부의 주체가 되어라

—

아동에서 어른으로 변모해 가는 청소년기에 개인에게 주어진 가장 큰 정서적 과업은 '자주성'을 획득하는 일이다. 아동기에는 무감했던 '자아의 발견'을 느끼며 불안이 심화되고, 내면이 동요되며, 모든 학생들은 성장의 과업을 달성하기 위해 조금씩은 좌충우돌하면서 주체적인 한 사람의 성인으로 성장한다.

부모가 자식과의 관계를 어떻게 인식하고 있는지에 따라 이 성장의 과정이 달라진다. 수학적 개념에 빗대어 표현하자면, 자식의 삶을 본인의 삶 속에 포함된 '부분 집합'으로 규정하고 있는 부모의 자녀들은 주체성의 성장 과정에서 혼란을 겪게 된다. 갓난아기처럼 자녀의 모든 일상이 부모의 통제와 배려 속에서 이루어지기 때문이다.

이런 환경에서 자란 학생들은 자아의 발견이나 주체성 확립과 같은 청소년기의 중요한 통과의례에 몰두하지 못한다. 자신에게 집중해야 할 에너지를 절대적 존재인 부모에게 집중하는 등 왜곡된 현상이 벌어지는 것이다.

'자아 존중감'이란 자신이 사랑받을 만한 가치가 있는 존재이고, 성과를 이룰 수 있는 유능한 사람이라 믿는 마음이다. 어린 시절 부모와의 관계가 이러한 자녀의 자존감에 큰 영향을 준다.

자존감은 합리적이고 주도적인 의사 결정을 통해 성공의 경험이 누적될 때 성장한다. 자존감이 낮은 경우 불안이나 우울, 열등감에 쉽게 사로잡히게 되고, 삶의 모든 의사 결정을 주저하는 의존적인 사람이 된다.

청소년기에 감당해야 할 가장 무거운 삶의 주제 중 하나인 '공부'의 전권을 부모에게 맡긴 채 성인으로 성장한 학생이 자존감이 높은 시민으로 성장할 가능성은 크지 않다.

부모와 자식의 건강한 관계는 자식의 삶과 부모의 삶이, 가정이라는 교집합 속에서 서로를 지지하고 격려하는 모습으로부터 비롯된다.

마인드 맵 활용하기

◉ 공부해야 하는 이유를 생각할 수 있어야 비로소 진짜 공부를 시작할 수 있다. 그 이유를 작성해 보고 부족한 부분은 극복 방안을 생각해 보자. 단, 극복 방안은 실천 가능한 내용이어야 한다.

내가 공부하는 이유

1

2

3

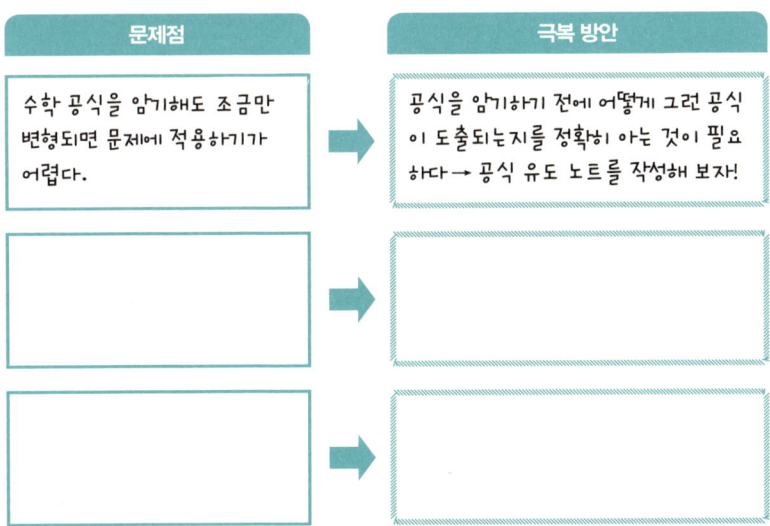

문제점	극복 방안
수학 공식을 암기해도 조금만 변형되면 문제에 적용하기가 어렵다.	공식을 암기하기 전에 어떻게 그런 공식이 도출되는지를 정확히 아는 것이 필요하다 → 공식 유도 노트를 작성해 보자!

"잃어버린 꿈을 다시 찾게 되었어요"

Type 4 꼭두각시 정은기 (고2)

전체 석차 213등 → 19등

예전의 저는 지금과는 완전히 다른 사람이었습니다. 공부에 대한 흥미는 눈곱만큼도 없었고, 공부를 왜 해야 하는지도 전혀 모르고 있었습니다. 수업은 거의 듣지 않았고, 선생님들에게는 문제아로 낙인 찍혔으며, 부모님과의 사이도 좋지 않았습니다. 당연히 성적은 엉망이었습니다.

매니저를 만난 이후 가장 먼저 한 일은 내가 공부를 해야 하는 이유를 찾는 것이었습니다. '내 꿈은 뭐지?', '이다음에 내가 가장 하고 싶은 일은 뭐지?' 등 초등학교 저학년 때 이후 생각해 본 적이 없는 질문이었습니다.

공부를 해야 하는 이유를 찾고 계획을 세우고 나니 신기하게도 공부하고 싶은 의지가 생겨났습니다. 나에게 맞는 공부법을 찾아 노력을 하게 되니 자연스럽게 성적이 오르게 되었습니다. 그러자 다시 공부에 대한 흥미가 생겨 이전에 있었던 악순환과 정반대인 선순환이 시작된 것이죠.

학교 수업에도 적극적으로 참여하게 되었고 선생님들도 달라진 저를 보며 놀라곤 하셨습니다. 공부에 자신감이 붙자 부모님과의 관계에서도 변화가 생겼습니다. 이전까지는 집에 가면 내 방에 틀어 박혀 방 안에서 나오지 않았었는데, 이제는 저녁 시간에 거실로 나와 부모님들과 이러저러한 대화를 나눕니다. 이제 부모님은 더 이상 저를 다그치지 않습니다. 심지어 요즘 부모님은 저를 "믿는다"고 말씀하십니다.

"정말 교과서가 가장 중요합니다"

자저의 공부 비법은 '교과서 중심'입니다. 이제까지 공부 잘하는 학생들이 '교과서 위주로 공부했다'는 말을 들으면 '괜히 멋지게 보이려고 거짓말을 하고 있는 거 아냐?'라고 생각했습니다. 그러나 주입식 수업이 아니라 스스로 공부하는 과정을 경험하면서 교과서의 중요성을 실감했습니다.

대부분의 학생 들은 참고서 위주로 공부합니다. 참고서의 가장 중요한 특징은 단기간에 '암기'가 가능하도록 내용이 병렬적으로 정리되어 있다는 것이었습니다.

이렇게 공부하면, 전체 내용을 파악한 후 인과관계를 헤아려 중요한 부분을 분별하는 능력이 사라지게 됩니다. 중요한 내용과 주변 내용을 파악할 수 있는 능력이 계발되어야만 진짜 공부를 할 수 있는 이해력이 발달되는데 말입니다.

주요 키워드를 스스로 찾아내고, 그것을 중심으로 인과관계를 확장하는 마인드 맵을 그려낸다면 시험 시간이 되어도 절대 잊혀지지 않습니다. 어떠한 사건이 발생했다면 왜? 누가? 어떻게? 결과는? 이런 식으로 끊임없이 질문을 던집니다. 이렇게 하다 보면 공부에 흥미를 잃지 않고 긴 시간 집중해서 공부할 수 있습니다.

TYPE

6

공부는
엉덩이로 하는 거야

허영이

나는 예비 서울대생!
언젠가는 잘될 거야.

하버드를 향하여
하면 된다!!
의대생이 된다면
파이팅

타입 체크리스트

아래 체크리스트는 모두 10개의 문항으로 구성되어 있다.
자신에게 맞는 문항에 체크해 보자.

—

- [ ] 다른 사람에게 지시받는 것을 싫어한다.

- [ ] 잘 모르는 것도 일단 아는 척한다.

- [ ] 완벽한 사람으로 보이고 싶어 한다.

- [ ] 특별히 친한 친구는 있지만, 반 친구들과 두루 친하게 지내지는 않는다.

- [ ] 극복하기 어려운 일이 있을 때는 피하고 싶다.

- [ ] 시험 결과가 기대에 못 미치는 것은 노력하지 않아서라고 생각한다.

- [ ] 제대로 노력만 한다면 성적은 쉽게 오를 것이라 생각한다.

- [ ] 계획 세우기를 좋아하지만, 제대로 실천한 적은 없다.

- [ ] 책상에 꽂힌 교재의 절반 이상은 끝까지 공부하지 않고 학년이 끝난다.

- [ ] 틀린 문제를 표시하지 않거나, 슬쩍 동그라미 치는 경우가 있다.

▲

☑ 8개 이상 : **Type6**이 확실해요.

5~7개 : **Type6**이 의심됩니다.

5개 미만 : **Type6**이 아니군요.

마음은 이미 서울대생

—

거짓 1

준영이와 매니저의 첫 번째 상담 시간이었다. 매니저는 오늘은 또 어떤 학생을 만나게 될지 새삼 설레었다. 방문을 열고 들어오는 준영이는 한눈에 보기에도 훤칠한 키에 말쑥한 외모였다.

상담이 시작되고 얼마 뒤, 준영이는 상담 중 성적표를 안 가져왔다며 자신의 성적을 직접 알려 주었다.

전교 4등, 학급 1등.

매니저는 깜짝 놀라 준영이의 얼굴을 다시 보았다. 매니저가 맡고 있는 학생 중에서 가장 성적이 좋았다. 놀라는 매니저의 표정을 보고 준영이는 싱글거리며 웃었다. 다음 날 준영이의 초등학교 동창인 승민이가 은밀한 목소리로 매니저에게 물었다.

"매니저님, 준영이네 집이 그렇게 부자라면서요? 강남에 있는 유명 아파트에 사는데 학원이랑 거리가 멀다며 투덜거리더라고요. 게다가 아빠는 판사라 늘 바쁘대요. 이번 모의고사도 모두 1등급이라며 대수

롭지 않게 얘기하는데 포스가 작열이었어요. 공부까지 잘하니, 준영이가 바로 엄친아였네요."

비밀스럽게 이야기를 건넨 승민이는 어느새 부러움으로 목청이 커져 있었다.

진실

"매니저님, 죄송해요. 지난번에 못 드린 정보지와 성적표예요."

준영이의 어머니가 매니저에게 준영이에 대한 기초 자료를 건넸다.

"애가 철딱서니가 없어서 힘드실 거예요. 사실 저도 감당하기 어려워요. 아무리 야단을 쳐도 귓등으로 듣고요. 애 아버지가 증권사에 다니느라 얼굴 보기 어렵다 보니, 집안에 무서운 사람이 없어요. 그래서인지 공부도 영 안하고……. 아무튼 잘 부탁드립니다."

준영이의 어머니가 돌아간 뒤, 매니저는 준영이의 자료를 보며 의아했다. 삼성동에서 등원하느라 힘들다며 푸념하던 준영이의 집은 길 건너 5분 거리에 있는 아파트였다. 어머니의 말에 의하면 아버지의 직업도 준영이의 말과 달랐다. 어머니가 가져다준 성적표에는 지금까지 들었던 것과는 전혀 다른 성적이 적혀 있었다.

학급 17등. 모의고사 4~5등급.

준영이를 부러워했던 승민이는 오히려 모든 과목에서 고르게 1~2

등급을 받아 왔다.

매니저는 준영이와 나누었던 모든 이야기가 사실이 아닐지도 모른다는 생각에 그저 놀랍고 당황스러웠다. 매니저는 서둘러 어머니를 다시 만났다.

"어머니, 어렸을 때 준영이는 어땠나요?"

"어렸을 때는 똘똘했어요. 한글도 일찍 깨치고요. 유치원, 초등학교 선생님들도 모두 준영이가 영리하다며 칭찬해 주셨죠. 할아버지나 큰아버지도 '우리 집안에서 서울대생이 나오려나 보다'며 명절 때마다 준영이한테 용돈도 주셨고요. 그런데 중학교, 고등학교에 가면서 준영이가 이렇게 될 줄 누가 알았겠어요!"

서울대 의대생 박준영, 파이팅!

매니저는 학습실에 들러 준영이를 살펴보았다. 준영이의 책상에는 '서울대 의대생 박준영, 파이팅!'이라는 글귀가 결연한 필체로 적혀 있었다. 물론 '샤' 모양의 서울대 정문 사진도 함께 있었다.

하지만 준영이는 정작 공부를 하고 있지 않았다. 공부에 몰입한 아이들은 책과 책상과 몸이 하나가 된 듯한 자세를 보여 준다. 책상에서 의자를 뒤로 한참이나 빼고 앉은 폼으로 미루어 봤을 때 그저 건성으로 시간을 때우고 있었다.

준영이의 책상에는 과학 올림피아드를 준비하는 고난도의 과학 교재를 비롯해 『토플 고급편』,《타임》지 등의 어려운 교재와 영어 잡

지들이 즐비했다. 매니저와는 의논도 하지 않은 책들이었다.

고민에 잠겨 있던 매니저에게 정훈이라는 학생이 물어 왔다.

"매니저님. 박준영이요, 공부 잘해요?"

정훈이는 준영이의 중학교 동창이며 현재 승민이와 같은 학교 학생이었다. 최상위권의 성적을 자랑하던 정훈이가 다른 학생의 성적에 대해 질문한 것은 처음이었다.

"남의 점수를 왜 물어? 비밀인데. 그런데 그게 갑자기 왜 궁금해?"

"아까 학교에서 승민이랑 얘기하다가 어이가 없어서요. 승민이가 그러는데 준영이가 개네 학교 전교 1등이래요. 저보다 점수도 한참 높을 거라면서. 그런데 그럴 리가 없어서요. 준영이는 공부를 잘 못하거든요."

매니저는 정훈이의 말을 잠자코 듣고 있었다.

"아, 생각났다! 준영이는 중학교 때도 지금처럼 뻥치다가 들통이 나서 애들한테 왕따를 당한 적이 있었어요. 그때는 동생이 엄청 잘생겨서 '소녀시대'랑 같은 기획사 연습생이라고 했어요. 그런데 그다음 해에 동생이 우리 학교에 입학했는데 웬걸요. 준영이의 말과는 영 딴판이고 아이돌 연습생도 아니었어요. 준영이는 왜 그렇게 금방 들통날 뻥을 치는지 모르겠어요."

거짓 2

어머니가 다녀간 이후, 준영이는 더 이상 성적으로는 매니저에게 허풍을 떨지 않았다. 매니저는 자신이 준영이의 실제 성적을 알고 있다는 것을 알면 준영이가 무안함에 상처를 받지는 않을는지 걱정했다. 그래서 매우 조심스럽게 성적표를 내밀었다. 하지만 의외로 준영이는 깨끗하게 사실을 인정했다. 그러면서 앞으로 잘하겠다며 심지어 키득거리기까지 했다.

이 일이 있고 얼마 뒤, 중간고사가 시작되었다. 준영이는 시험이 끝날 때마다 착실하게 시험지를 매니저에게 보여 주었다. 그런데 놀라운 결과가 나왔다. 준영이는 거의 모든 시험에서 만점을 받거나 한 개 정도 틀렸을 뿐이었다. 준영이는 그간 매니저가 자기에게 보여 준 의혹을 비웃기라도 하는 듯 그 완벽한 시험지를 던져 주고는 학습실로 사라졌다.

매니저는 혼란스러웠다. '그동안 내가 준영이의 실력을 너무 과소평가한 건가?'라는 반성이 들었다. 하지만 며칠 뒤, 준영이의 어머니가 가지고 온 성적표를 보고 진실을 알게 되었다.

성적표에 적힌 준영이의 성적은 70점대 중반. 지난 성적과 크게 달라진 것이 없었다. 그동안 준영이는 매번 시험지를 고쳐서 매니저에게 가져다준 것이었다. 매니저는 준영이를 불러 물었다. 도저히 그냥 넘어갈 수 없는 일이었다.

"준영아, 도대체 왜 시험지를 고친 거니?"

"매니저님을 놀라게 해 드리려고요."

"그럼 나 놀리려고 일부러 그런 거야?"

"놀리려고가 아니고 놀라게 하려고 했던 거예요."

"그래, 놀라긴 놀랐지."

"매니저님도 공부를 잘하는 학생이 더 좋으실 거 아니에요."

"내가 좋고 안 좋고를 떠나서, 그 점수는 너의 점수가 아니잖아."

"친구들도, 선생님도 제가 공부를 잘한다고 말하면 태도가 변해요. 사실 제가 초등학교 때까지는 진짜 공부 잘했거든요. 중학교 올라가면서 성적이 떨어지니까 애들이 저를 무시하기 시작했어요. 그런데 동생이 아이돌 지망생이라고 하니까 다시 애들이 관심을 보이더라고요. 그때만 해도 집이 이사를 갈 예정이라서 동생이 같은 학교에 배정될 줄 몰랐죠. 학교만 달랐어도 괜찮았을 텐데……."

매니저는 준영이의 말에 할 말을 잃었다.

착한 매니저

이런 준영이는 타고나기를 사람들에게 관심이 많았다. 학습실에서 공부할 때도 한쪽 눈으로는 책을 보고 있다면, 다른 한쪽 눈은 또래 친구들을 살피고 있었다. 누가 누구랑 친한지, 다른 아이들이 어떤 옷을 입고 다니는지, 혹시 자기에 대해 말하는 친구들은 없는지 준영이의 모든 감각 기관은 친구들을 향해 곤두서 있었다. 그렇다 보니 공부에 몰입하는 것은 불가능했다.

공부 스타일도 준영이의 성격대로였다. 학습 플래너에 기록된 계획은 언제나 80퍼센트 정도밖에 달성하지 못했다. 공부를 안 했다고는 할 수 없지만, 딱히 열심히 했다고도 인정할 수 없는 수준. 어느 것을 물어보아도 아예 모르는 것은 아니지만, 어느 것 하나도 완벽하게 대답할 수 없는 수준. 준영이는 그렇게 매니저에게 보여 주기식의 공부를 했다.

이대로 가다가는 성적은 물론이고 세상을 살아가는 태도에도 문제가 생길 게 뻔했다. 매니저는 준영이를 위해 어떻게 할지를 고민했다.

준영이의 안에는 또 하나의 준영이가 있었다. 모두가 선망하는 완벽한 준영이. 하지만 그것은 가짜였다. 모두에게 사랑받기를 소망하는 진짜 준영이는 가짜 뒤에 숨어 있었다.

매니저는 두 눈을 똑바로 뜨고 숨어 버린 진짜 준영이와 만나기로 했다. 나약하고 무기력한 준영이와 만나기 위해서는 가짜 준영이에게 속지 말아야 하고, 진짜 준영이를 따뜻하게 불러내야 했다.

이렇게 생각한 매니저는 준영이를 만나면 우선 칭찬 보따리를 풀어 놓았다. 준영이는 매니저의 칭찬 한 번에 다른 학생들보다 두 배쯤 기분이 좋아질 정도로 칭찬에 약했기 때문이다. 매니저에게 크게 인정을 받은 날은 다른 날보다 성취도도 높아지곤 했다.

매니저는 준영이에게 새로운 제안을 했다.

"준영아, 앞으로 공부량을 평소의 120퍼센트로 높이자. '예비 서울대생 박준영'이라는 이름이 아깝지 않게 공부해야지?"

준영이는 '예비 서울대생 박준영'이라는 이름까지 새겨진 계획표의 찬란함에 반해 그 계획을 받아들였다.

모든 것이 그렇듯 준영이는 쉽게 변하지 않았다. 그 후로도 준영이는 늘 목표의 80퍼센트 정도를 달성했다. 하지만 매니저는 여전히 준영이의 성과에 비해 조금은 과한 칭찬으로 반응하면서 흔들림 없는 격려를 보냈다. 준영이에게 매니저는 더없이 따뜻하고 착한 사람이었다.

나쁜 매니저

그날의 학습을 점검하는 시간이면, 준영이는 매니저가 꼬치꼬치 캐묻기 전에 이미 공부한 내용을 대충 읊고는 가방을 쌌다. 그때마다 다정하던 매니저는 전혀 다른 사람으로 변했다.

"준영아. 계획대로 교재는 잘 풀어 왔는데 그럼 이제부터 얼마나 잘 알고 있는지 체크해 보자."

"제가 방금 공부한 내용을 다 말씀 드렸잖아요. 저 오늘 일찍 가 봐야 해요. 엄마가 일찍 오랬어요."

"어머니께는 내가 미리 허락을 받아 놓았어. 어머니가 내일 아침까지 해도 좋다고 하시던 걸. 지금부터 내가 묻는 질문에 대답해 봐. 통과하지 못하면 다시 공부해야 해."

예상대로 어느 것 하나 완벽하지 않았다. 제목만 대충 외웠거나, 원리는 생략했거나, 구석구석 숨어 있는 핵심들을 모두 놓치고 있었다. 매니저는 냉정한 표정으로 '다시 해 올 것!'을 요구했다. 여느 때처럼 장난으로 능치려던 준영이도 매니저의 단호한 기세에 눌려 학습실로 돌아가야 했다.

그 뒤로도 매니저는 준영이에게 하루에 한 가지씩 '다시 해 올 것!'을 명했다. 그때만큼은 평소의 솜털처럼 따뜻하던 매니저가 아니었다. 준영이가 이런 매니저를 다시 상냥하게 만드는 유일한 길은 '제대로 다시 공부해 오는 것'밖에 없었다.

"매니저님은 정말 이상해요. 어떨 때는 완전 착하고, 어떨 때는 캡숑 쌀쌀맞고. 꼭 두 사람이랑 얘기하는 것 같아요. 진짜 다중 인격이야!"

학습 점검 시간에 또 다시 '불통'에 걸린 준영이가 도끼눈을 부릅뜬 매니저를 흘겨보며 투덜거렸다.

매니저는 부족한 자신을 멋진 가짜 준영이보다 좋아하는 것 같았다. 이렇게 준영이는 점점 초라한 실체를 드러내며 누군가와 이야기를 나누는 방법을 익히고 있었다. 진짜 준영이와 가짜 준영이의 동거가 서서히 끝나 가고 있었다.

▶▶ 타입 프로파일 ◀◀

대표 입말	"난 언젠가는 잘될 거야."
공부 행동	다른 사람에게 보여 주기 위한 공부를 하는 경향이 있다. 일부러 최고 난이도의 문제집을 푼다든가, 틀렸지만 틀린 표시를 하지 않는다든가 하는 모습을 보인다.
성격	부모님이나 선생님들과의 관계가 나쁘지는 않지만, 모든 또래 친구들과 두루두루 친하게 지내지 못하는 경우가 많다. 공부 외에 일상에서도 과시적 성향이 있는데, 그것을 잘난 척으로 생각하는 친구들의 반감을 살 수도 있다.
스트레스 원인	다른 사람에게 인정받고 싶은 욕구가 강하다. 선생님, 부모님에게 칭찬 받고, 주변 친구들의 선망을 얻는 자신의 모습을 만들고 싶은 나머지, 자신을 꾸밀 때가 있다. 보여 주고 싶은 모습과 실제 실력 사이의 차이가 드러날 때 심한 스트레스를 받는다.

자기 수준에 맞게 공부하라

---

1. 내게 맞는 올바른 교재를 선택할 수 있어야 한다

중학교 1학년 학생에게 대학수학능력시험 문제를 주고 풀어 보라고 한다면 어떨까? 학생에게 적합한 문제라고 답하는 사람은 한 명도 없을 것이다.

두뇌의 발달 과정에 따라 자기 나이에 맞는 학습 과정이 있다. 그래서 초등학교 때는 자연수의 사칙 연산을 배우고, 중학교 때는 수의 개념을 정수, 유리수, 무리수로 늘려 가고, 고등학교 때는 복소수를 배운다.

지금 책상 위의 교재를 살펴보자. 손대기 어려운 교재가 있지는 않은가? 지금 자신의 학습 과정을 돌아 보고 필요한 교재를 고르는 것으로 공부를 시작해 보자.

2. 스터디 플래너를 기록하고 매일의 실행률을 점검하라

평소 기초 훈련은 하지 않는 축구 선수가 실전에서 좋은 경기를 치를 수 없다. 공부도 운동과 비슷하여 올바른 방법으로 기초 실력을 쌓아 두지 않으면 정작 필요한 순간에 기억이 나지 않거나 문제를 해결하지 못한다.

아무리 머리가 좋은 사람이라 하더라도 개념을 이해하고 문제에 적용해 보는 시간 없이 시험 문제의 해답을 맞히는 것은 어렵다. 평소 꾸준한 개념 학습, 문제 풀이 학습이 필요한 이유이다. 알고 있지만 제대로 실천이 어렵다면 '스터디 플래너' 작성으로 매일 나의 공부 습관을 계획하고 점검해 보자.

3. 자기 수준에 맞는 교재와 강의를 선택하라

교과서와 자습서, 그리고 학교 수업만으로 제대로 공부하기는 쉬운 일이 아니다. 그래서 학습을 보충할 수 있는 도구로 문제집을 선택하거나 인터넷 강의, 학원 강의를 선택하기도 한다.

이때 자기에게 알맞은 교재나 강의를 선택하는 것이 학습에 큰 영향을 미친다. 교재는 학습 수준에 따라 상, 중, 하로 구분되고, 학습 목적에 따라 개념서와 유형서로 구분된다.

이러한 기준을 잘 파악해서 나의 학습 수준과 학습 목적에 알맞은 교재와 강의를 선택해 보자.

허영심의 근원을 파악하라

―

　아이들이 자라며 한두 번씩 거짓말을 하는 경우는 흔하다. 부모들은 이렇게 아무 죄책감도 없이 거짓말을 하다 들통 난 아이를 두고 '도대체 왜 거짓말을 하나', '이러다 습관이 되는 것은 아닐까', '따끔하게 야단부터 쳐야 하나' 등의 고민에 빠지기도 한다.

　이처럼 거짓말하는 자녀를 두고 부모는 사태의 해결책에 대해서만 집중한다. 그러나 정작 중요한 것은 왜 거짓말을 하는지, 아이의 심리적 길항을 이해하는 일이다.

　상상력이 풍부하고 정신적 활동이 활발한 아이일수록 거짓 세계를 쉽게 만들어 낸다. 세상에 대한 이해가 다면화되고, 내가 원하는 이상적 세계관이 싹트면서, 자기에게 맞는 가상의 세상을 만들고, 그 안에서 심리적 안정을 찾는 것이다.

　부모가 지나치게 억압적인 경우에도 아이들은 종종 거짓 세상을 만들어 낸다. 거짓된 세상 속에서만 숨통이 트이기 때문이다. 부모님을 좋아하지만 동시에 몹시 두려워하는 아이들도 거짓말을 한다. 거짓말로 부모를 만족시킬 수 있기 때문이다. 좋아하는 여자 앞에서 허세를 부리고, 멋진 남자 앞에서 내숭을 떠는 성인 남녀의 심리와 같다.

정서적으로 큰 상처를 입었던 아이들도 그것과 유사한 상황이 되면 습관처럼 거짓말을 입에 담는다. 좌절을 회피하는 것이 살아가기에 유리하다고 생각하기 때문이다.

어른들은 다양한 방식으로 고통을 분산하여 해소하지만, 아이들은 그것 자체를 거부하는 방식으로 숨 쉴 구멍을 마련하기도 한다. 그러하기에 우리 아이의 거짓말이 어디에서 기인하는지 통찰하는 것이 문제 해결의 첫걸음이다.

그 해답을 알게 되면, 그때는 자녀와 함께 그 거짓을 정면으로 직시하여 올바르고 건강한 인식을 이끌어 낼 방안을 모색할 수 있다.

학습 실천력 높이기

◉ 스터디 플래너 쓰기와 하루 학습 돌아보기로 학습 실천력을 높이자.

1단계 스터디 플래너 작성

이번 주 목표

Mon (/)	Tue (/)	Wed (/)	Thu (/)

Fri (/)	Sat (/)	Sun (/)	MEMO

2단계 나의 하루 돌아보기

월 일 요일	오늘 하루 반성
잘한 일	● 오늘 가장 완벽하게 수행한 것을 적는다
아쉬운 일	● 오늘 실행하지 못한 계획을 적는다
	● 오늘 실행하지 못한 계획을 언제 보완할 것인지 적는다
내일 해야 할 일	● 내일 꼭 수행해야 할 일을 적는다

"혼자서 공부하고 1등이 되었어요"

Type 6 허영이 홍지혜 (중2)

전체 석차 14등 → 1등

지금까지 제 목표는 반에서 중간 정도하는 성적을 유지하는 것이었습니다. 그를 위해 학원도 네 군데나 다녔습니다. 남들 다 하는 심화 수학, 토플, 회화, 한자, 논술 등의 학원을 다니자니 매일매일이 몹시도 바쁘기만 했습니다.

매니저님이 모든 학원을 정리하자고 하셨을 때, 저는 무척 불안했습니다. 괜히 학원을 정리했다가 그나마 유지하고 있던 성적조차 무너질 것 같았기 때문입니다. 무엇보다 학원 수업에 가려져 있던 나의 부족함이 드러날지도 모른다는 생각에 몹시 초조했습니다.

학원에서는 단 한 시간이면 끝낼 수 있는 분량을 혼자 하려니 몇 시간이나 걸렸고, 공부법을 익힌다는 것도 눈에 보이지 않으니 믿을 수 없었습니다. 빨리 효과가 나오지 않으면 이것저것 선행을 하겠다고 고집도 피웠습니다.

결국 저는 모든 사교육을 끊고 내 수준에 맞는 참고서와 문제집을 선택해 본격적으로 진짜 공부를 시작했습니다. 얼마 지나지 않아 그동안 학원에서 풀던 최상위 수학 문제집이 얼마나 나와 맞지 않는지가 보였습니다. 저는 한 학년 아래 단계인 중1 수학의 기본 문제도 채 풀 수 없었습니다. 최고급 수학 문제집을 들고 다닐 때의 자부심이 사라지는 것은 아쉬웠지만, 어쩔 수 없었습니다.

자신 있는 과목이라 믿고 있었던 영어도 문법의 기초가 많이 허약했고,

갖고 있던 독해집은 제 실력에 비해 수준이 높은 것이었습니다. 나는 모든 것을 기초부터 다시 시작하기로 했습니다. 기반 학습 다지기, 학습 목표 이해하기, 예습하기, 수업 시간에 집중하기, 복습하기, 백지에 정리하기 등과 같은 기본적인 방법으로 공부하고 또 공부했습니다.

올바른 공부 방법으로 스스로 공부한 지 3개월, 중간고사에서 저는 전교 7등을 했습니다. 모든 과목을 철저하게 기초부터 준비했더니, 이전과는 다르게 모든 문제들이 명확하게 눈에 들어왔고 거의 대부분의 과목에서 만점에 가까운 점수가 나왔습니다. '기술가정'을 비롯한 몇 개 암기과목에만 소홀하지 않았다면 거의 전교 최고 등수를 기록할 수 있을 점수였습니다. 이 경험을 통해 저는 공부는 정말 정직하다는 사실을 깨달았습니다.

그로부터 3개월이 지난 뒤 2학년 1학기 기말고사에서 저는 드디어 전교 1등이 되었습니다. 중학교 1학년 때 79점에서 시작한 내가 전교 1등을 기록했다는 사실이 믿기지 않았습니다. 하지만 매니저님과 시험지 오답분석을 하며 저는 아직도 저에게 부족한 것이 많다는 사실을 되새깁니다.

"책상에 앉아 있는 연습부터!"

처음에 저는 학원 수업 시간 이외에 혼자 공부하는 시간이 전혀 없었습니다. 최상위권처럼 보이고 싶은 마음이 컸지만, 정작 책상에 앉으면 한 시간도 버티기 힘들었습니다.

무엇보다 학원 없이 공부를 하다 보면 공부의 구멍이 자꾸 드러나서 부끄러웠고, 그냥 공부로부터 벗어나고 싶은 마음만 컸습니다. 하지만 제가 가진 약점이 무엇인지 정확하게 알면 알수록 공부에 더 집중할 수 있게 되었고, 약점을 장점으로 바꾸기 위해서는 오랜 시간 정직하게 노력해야 한다는 사실을 깨닫게 되었습니다.

이제 저는 하루에 최고 10시간까지도 공부할 수 있습니다. 공부는 머리로 하는 것이라 생각하고 있었는데, 지금은 정직한 노력만이 좋은 성적을 가져다 준다는 사실을 알게 되었습니다.

TYPE
10

우선순위는 나!

오시람

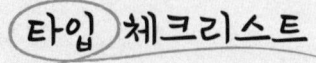 체크리스트

아래 체크리스트는 모두 10개의 문항으로 구성되어 있다.
자신에게 맞는 문항에 체크해 보자.

—

- ☐ 혼자 있는 것보다 다른 사람들과 함께 있을 때 더 즐겁다.

- ☐ 시험 계획을 세우지만, 100퍼센트 달성한 적은 없다.

- ☐ 조금만 노력하면 좋은 대학에 가는 것은 어렵지 않다고 생각한다.

- ☐ 공부할 때 친구가 부르면 공부를 미루고 친구를 만난다.

- ☐ 공부를 하다가 모르는 내용이 나오면 오래 고민하지 않고 바로 다음으로 넘어간다.

- ☐ 친구가 고민을 이야기하면 내 일처럼 신경이 쓰이고, 해결할 수 있도록 최선을 다해 돕는다.

- ☐ 아무리 좋은 학원이라도 친한 친구가 한 명도 없다면 가기 싫다.

- ☐ 열정적으로 좋아하는 아이돌 스타가 있다.

- ☐ 친구가 어떤 일을 함께 하자고 이야기하면 하고 싶지 않더라도 함께 하는 편이다.

- ☐ 부모님과 친척들이 나를 모두 사랑해 주신다.

▲

☑ 8개 이상 : **Type10**이 확실해요.
5~7개 : **Type10**이 의심됩니다.
5개 미만 : **Type10**이 아니군요.

"세상 모두와 베프가 되고 싶어요!"

—

지혜의 하루

"매니저님, 매니저님, 저 왔어요."

매니저는 문밖에서부터 누군가가 숨 가쁘게 자기를 부르는 소리만 들어도 그 주인공을 알 수 있었다. 동분서주하며 오지랖 넓은 지혜였다. 지혜는 가방을 내려놓는 동시에 오늘 학교에서 있었던 일들을 매니저에게 풀어 놓았다.

수업 시간에 선생님이 했던 행동들, 친구들하고 나누었던 수다들, 매니저를 만나러 오는 길에서 보고 듣고 느낀 것들……. 듣고 나면 특별할 것도 없는 그 일상을 지혜는 숨이 넘어갈 듯 미주알고주알 이야기했다. 가랑잎만 굴러가도 사흘은 정신을 못 차리고 웃는 열네 살 지혜의 일상은 늘 행복으로 가득 차 있었다.

"하지만 지혜야, 오늘 30분이나 늦었다."

"앗, 죄송해요. 빨리 오려고 했는데 친구가 가방 사러 간다기에 따라갔다 왔어요. 뭐 사는지도 궁금하고, 또 누가 옆에서 봐 줘야 예쁜 걸 살 수 있잖아요. 그래서 제가 함께 가서 같이 골라 줬어요."

이렇게 한참을 이야기한 뒤 그제야 지혜는 발길을 옮겼다. 하지만

매니저 방문을 나선 뒤부터 학습실 책상에 앉기까지도 그리 간단한
여정은 아니다.

지혜는 만나는 모든 학생들과 하나하나 알은체를 했다. 어떻게 말
문을 튼 것인지 도저히 알 길 없는 재수생 오빠와도 한참 이야기를
나눴다. 또 학습실 안에서는 자리에 앉은 모든 학생들과 눈인사를 나
눴고 아이들도 지혜가 들어서면 본능처럼 눈인사를 건넸다.

드디어 책상에 앉은 지혜. 하지만 30분도 채 지나지 않아 옆에 앉은
학생이 일어서자 따라 나섰다. 마침 그 친구와 할 얘기도 있어서 함께
간식을 먹으러 가는 것이었다.

우여곡절 끝에 학습 시간을 채운 지혜는 공부한 내용을 체크 받으
러 매니저의 방에 들어섰다. 그런데 그날따라 매니저는 평소 보지 못
했던 새로운 스카프를 하고 있었다. 가만히 보고 넘어갈 지혜가 아니
었다.

"어머, 매니저님. 스카프 새로 사셨나 봐요. 저희 엄마도 이런 무늬
의 스카프가 있는데……."

지혜는 매니저의 스카프에 대해서만 10분 동안 참견했고 이것으로
시작된 이야기는 꼬리에 꼬리를 물었다.

"매니저님, 저는 빨리 대학생이 됐으면 좋겠어요. 대학생이 되면 얼
마나 신 날까요? 이렇게 열심히 공부했는데 '스카이'는 아니더라도,
적어도 '인 서울' 대학교는 문제없겠죠?"

오늘도 하루 종일 공부한 내용이 교과서의 3페이지도 채 안 되지만
지혜는 상상만 해도 좋아 죽겠다는 표정이었다.

늘 서너 명이 넘는 친구들과 깔깔 웃는 소리를 내며 종종걸음으로 집에 돌아가는 지혜의 뒷모습은 언제 보아도 경쾌했다.

언제나 생기발랄한 지혜

학습실에 들어서는 순간 누구라도 단박에 지혜의 자리가 어디인지 알 수 있었다.

일단 책상 앞 한가운데에는 테두리에 동그란 큐빅이 촘촘히 박힌 거울이 있었다. 공부하다 머리만 들면 곧바로 얼굴이 보일 수 있도록 각도와 높이가 잘 맞추어져 있었다. 거울 양옆으로는 그룹 'EXO'의 사진이 붙어 있었고, 사진 아래쪽에는 은색 마커펜으로 'EXO♡지혜'라는 글자가 적혀 있었다. 책상 오른쪽 귀퉁이에는 작은 상자가 있었는데 이 상자야말로 지혜의 보물 1호였다. 여기에는 립스틱, 매니큐어, 싸구려 콤팩트, 미니 아이섀도, 아이라이너, 립밤, 각종 머리핀, 도수를 알 수 없는 일회용 서클 렌즈 등 온갖 화장품과 미용 관련 잡동사니들이 가득했다. 지혜는 이 아이템을 무기로 여중생 방의 거의 모든 아이들을 접수했다. 옆자리에 앉은 사람에게 상자 속 물건들을 보여 주면서 이렇게 말을 건네면 끝이었다.

"너 눈이 짱 예쁘다. 눈화장 해 본 적 있어? 화장까지 하면 완전 예쁘겠다."

매니저가 지혜의 부모님을 만난 날, 두 분은 이런 지혜를 기특하게도 또 걱정스럽게도 생각하는 마음을 이야기했다.

"우리 지혜가 정말 활기차서 같이 있으면 저도 덩달아 기분이 좋아 진다니까요."

지혜의 가장 든든한 후원자이자 애인인 아버지는 이렇게 생기발랄한 딸이 그저 사랑스러웠다. 반면 어머니는 지혜 얘기가 나오자 염려스러운 표정이었다.

"지혜가 아직 철이 많이 없어요. 낄 데 안 낄 데 구분을 못하고 천방지축이니 원, 어떻게 애를 다잡아야 할지 부모로서 참 힘드네요."

전쟁 같은 사랑

매니저는 지혜와 그렇게 3년을 아옹다옹하며 지냈다. 땅콩과도 같았던 중학교 1학년 지혜가 여고생이 되기까지 지혜는 매니저에게 비타민이자 엔돌핀이었다. 그러나 그 3년간, 매니저와 지혜의 관계는 진정 전쟁과도 같은 것이었다.

설마 서울 안에 있는 대학교 정도는 거뜬하게 가지 않겠느냐는 지혜에게 초등학교 연산 연습을 시키며 수많은 방학을 보냈다. 아는 오빠들이랑 섬에 놀러 가기로 했다며 자랑을 늘어놓던 지혜를 뜯어말리느라 목에서 피가 날 지경이었다. 열심히 공부하는 고3 남학생에게 자꾸 편지를 보내는 바람에, 신지혜가 누구냐며 편지 다발을 들고 쫓아온 남학생의 학부모에게 해명을 하느라 진땀을 뺀 날도 있었다. EXO 공연 후, 팬들이 모여 밤새 소주 파티를 하기로 했다는 지혜를 부모님께 일러바쳐, 결국 지혜의 아빠가 공연장에 따라간 날도 있었다.

다른 학생들에게는 A부터 D까지 4단계로 알려 주면 될 것들도, 지혜에게는 A부터 Z까지 잘게 쪼개어 일러 주고 당부하기를 반복해야 했다. 그렇게 지혜는 매니저와 싸워 가며 고등학생이 되었다.

지혜의 하늘

지난 3년간 지혜의 하늘은 늘 쾌청했다. 또래의 하늘에 질풍노도가 몰아치고 있는 그 시간에도 지혜의 영혼만은 5월의 하늘처럼 구름 한 점 없었다. 바람도 불지 않았고, 빗방울도 없었다. 그냥 숨만 쉬고 있어도 가슴이 들뜨는 어느 티 없이 맑은 봄날의 하늘처럼 지혜의 하늘은 늘 '맑음'이었다. 어떤 것도 심각하지 않았고, 아무것도 걱정할 일이 없었다.

그러던 어느 날 문득, 지혜는 철이 들기 시작했다. 늘 푸르던 지혜의 하늘에도 이제 바람이 불고, 빗방울이 떨어지기 시작했다. 스산한 바람은 지혜를 사색에 잠기게 했고, 빗방울은 들뜬 마음을 차분하게 가라앉혔다. 너무 가벼워 혹시나 이 아이가 날아가 버리거나 다치지는 않을까 걱정했던 매니저도 지혜의 변화가 대견했다.

흔히들 '철'이라고 부르는 그 정신적 성장이 지혜에게도 찾아온 것이었다. 전쟁과도 같은 씨름을 하면서도 지혜는 조금씩 성장했고, 매니저는 또다시 '모든 아이들은 자기 나름의 대가를 치르며 예외 없이 성장한다'는 삶의 철칙을 경험했다.

"매니저님, 요즘에는 모의고사 때문에 걱정이 너무 많이 돼요. 이 정도 등급으로는 대학에 가기조차 어려울 것 같아요."

지혜의 진지한 모습에 매니저는 뿌듯한 마음마저 들었다.

3년 전, 교실의 맨 앞에 앉았던 단발머리 꼬마 지혜는 어느새 키도 훌쩍 커 늘씬한 숙녀로 자랐다. 긴 생머리를 질끈 묶고 공부에 여념이 없는 요즘의 지혜는 정녕 '지혜'라는 이름과 그럴듯하게 어울리는 여고생이 되었다. 그리고 지혜의 성적도 그 변화에 발맞춰 발전하기 시작했다.

▶▶ 타입 프로파일 ◀◀

대표 입말	"오늘 우리 반에 이런 일이 있었어요."
공부 행동	자발적으로 공부하지 않는다. 책상 앞에 앉는 이유는 학습 의지가 아니라 사랑하는 부모님이 원하기 때문이다. 하지만 시간을 들여 충분히 받아들이기에 공부는 어렵고 재미가 없으므로 물 마시기, 화장실 가기 등으로 공부에 집중하지 않는다.
성격	주변 사람에게 관심도 많고, 애정도 많다. 저 친구는 왜 표정이 안 좋은지, 우리 선생님은 왜 웃고 있는지를 궁금해한다. 사람들에게 관심을 갖는 만큼 사랑도 많이 받지만, 외부에 신경을 쓰는 만큼 자기 일을 잘 챙기지 못하니 주의해야 한다.
스트레스 원인	다른 사람과의 '관계'는 가장 큰 에너지원이자 스트레스 원인이다. 세상 모두와 친구가 될 수 있을 정도로 친화성이 높지만 그럼에도 친해지기 어려운 사람이 있거나 친구와 다투기라도 하면 그 고민을 하느라 다른 일에 집중하는 것을 힘들어한다.

기초 학력을 쌓아라

—

1. 학기 중, 주요 과목은 복습 위주로 매일 꾸준히 학습하라

학생이 제 학년 학습을 어려워하는 가장 큰 이유는 '기초 학력의 부족'이다. 예를 들어, 'to부정사의 형용사적 용법'을 공부하려고 하는데 전 학년에서 배운 명사적 용법이 기억나지 않거나 형용사의 기본 성질을 모른다면 to부정사의 형용사적 용법을 이해하고 적용하는 것은 어렵다.

이를 제대로 공부하기 위해서는 오늘 공부할 개념과 연관된 전 학년 내용까지 학습해야 하므로 매일 적은 분량을 충분히 시간을 들여 꼼꼼히 학습해야 한다.

2. 방학 중, 어설픈 선행 학습은 금물! 주요 과목의 결손 영역을 채워라

대개의 학생에게 방학은 다음 학기를 미리 선행하는 시간이다. 선행은 지난 학습 내용을 충분히 이해한 학생에게는 도움이 되지만, 결손 학습이 있는 경우 오히려 독이 된다. 시간을 투자해 선행 학원에 앉아 있지만 제대로 이해하기는커녕 혼란만 더할 뿐이다.

방학은 부족한 과목을 보충할 수 있는 소중한 시간이다. 자신의 결손 영역이 무엇인지를 안다면 계획을 세워 실천하는 것이 좋다. 하지만 무엇이 부족한지 스스로 파악되지 않는다면 이해되지 않는 영역의 학습 내용을 점점 이전 학년으로 낮추며 보강할 수 있다.

3. 부족한 공부 영역, 제대로 된 문제집 활용으로 보충하라

문제집을 푸는 이유는 무엇일까? 이는 문제집을 풀면서 개념 학습을 확인하기 위해서이며, 부족한 영역을 다시 보완하기 위해서이다. 문제집을 제대로 활용하기 위해 다음의 원칙을 알고 실천해 보자.

1) '1회독' 문제집을 풀 때는 문제집에 답과 풀이를 적지 않고 연습장을 활용한다.
2) 문제집에는 다시 풀어야 할 문제만 표시한다. 다시 풀어야 할 문제란 정확하게 내용을 알고 맞힌 문제를 제외한 모든 문제를 말한다.
3) '2회독' 표시한 문제를 다시 풀고 채점하면서 오답을 정리한다.
4) 채점 후 다시 풀어야 할 문제에 표시한다. 반복해서 틀린 문제를 확인한다.
5) '3회독' 오답을 선택한 이유를 확인하며 다시 문제를 풀고 틀린 문제에 표시한다.
6) 3번 연속 표시된 문제는 모르는 것이 확실한 문제이므로, 그 문제를 정확히 알고 풀 수 있을 때까지 연습한다.

대화를 통해 학습 흥미를 자극하라

학생에게 가장 중요한 에너지원은 타인과의 '관계'다. 자신을 좋아해 주고, 공감해 주는 사람이 주변에 얼마나 많은지가 학생의 삶을 안정시키는 중대한 관건이다. 아이돌 스타와 팬이 맺는 긴밀하고 특수한 관계도 학생에게는 더없이 의미심장하다.

재미있지 않은 것에 대한 인내심이 부족한 것은 이 학생의 중요한 특징 중 하나다. 공부가 '재미있지 않아서' 공부를 열심히 해 본 적이 없다. 그래서 공부에 기초 실력이 부족한 경우가 많다.

공부보다 흥미진진한 것이 숱하게 널려 있는 이 세상에서 공부는 늘 뒷전으로 밀려나고, 진득하게 앉아 제대로 된 학습법을 깨치지 못했기에, 마구잡이로 하는 공부는 학년이 올라갈수록 더 어렵기만 하다.

시험에도 실수가 많은데, 그것도 시험이라는 스트레스 상황으로부터 빨리 벗어나고 싶은 마음에 모든 문제를 빠르고 성급하게 대하기 때문이다.

사랑받고 싶고, 인정받고 싶은 욕망이 공부를 통해서도 자극되어야 변화가 가능하다. 쉬운 내용부터 시작하여 성공한 것을 칭찬해 주고,

시험지를 가져왔을 때에도 틀린 문제보다 맞은 문제에 우선적인 관심을 보여 주는 것이 좋다.

누군가와 대화하는 것 자체를 즐기는 학생이기에, 그날 공부한 내용을 말로써 설명해 보도록 유도하면 학생의 성향에 맞춘 학습 정돈의 방법을 찾을 수 있다.

우선 학습 과목 정하기

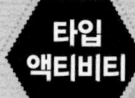

⊙ 학습 효과를 높이기 위해 우선 학습 과목을 정하자. 질문의 답변에 해당하는 과목을 2~3개 적은 후, 가장 많이 적힌 과목을 우선 학습 과목으로 정한다. 이때, 최대 3과목을 넘지 않도록 한다.

1단계 우선 학습 과목 선정

질문	답변
1 내가 좋아하는 과목은 무엇인가?	
2 지난 학기 성적이 좋았던 상위 3개 과목은 무엇인가?	
3 이번 학기 수업 중 이해가 잘 되는 과목은 무엇인가?	
4 답변에 가장 많이 등장한 과목을 순서대로 3개 적어 보자.	
5 4의 답변을 참고하여 나의 우선 학습 과목을 정해 보자.	

2단계 시험 준비 계획

[시험 준비 원칙]
① 시험 준비는 개념 학습 - 문제 학습 - 심화 학습 - 총정리의 4단계로 진행한다.
② 개념 학습 기간이 끝난 후라도 시험 범위를 배우고 있는 기간에는 진도에 맞춰 개념 학습한다.
③ 과목별 세부 학습 계획을 세우고 매일 실행 정도를 체크하고 부족한 내용은 꼭 보완한다.

과목	6주전	5주전	4주전	3주전	2주전	1주전	시험
예시 사회	개념 학습 (1회독)		문제 학습 (2회독)		심화 학습 (2회독)	총정리+ 오답노트	4/25 (목)

"하루에 열두 시간을 공부했어요"

Type 10 오지랖 정채우 (중3)

전체 석차 357등 → 1등

중학교 1학년 때부터 가수가 꿈이었기 때문에 공부는 저에게 그다지 중요하지 않았습니다. 그렇다 보니 음악하는 시간만 잔뜩 확보하고 공부는 늘 뒷전이었습니다.

중학교 2학년 올라가면서 성적은 걷잡을 수 없이 떨어졌고, 나중에는 너무 막막해서 어디서부터 시작해야 할지 알 수 없는 상태가 되었습니다. 수업 시간에는 잠만 자고 선생님이 꾸중하면 대들기까지 했습니다. 수업 시간에 번번히 땡땡이 치다가 결국 선도위원회에 누적된 벌점이 100점을 넘어가게 되었습니다. 친구들이랑 노는 것이 가장 좋았고, 그럴수록 싫은 소리를 하는 부모님이 더 싫어서 밖으로만 나가 놀게 되었습니다.

그렇게 방황하는 동안에도 한편으로 저는 앞으로 무엇을 해야 할지 몰라 늘 괴로웠습니다. 아무리 생각해 보아도 제 형편에 잘 할 수 있는 것은 음악밖에 없다고 생각했고 부모님을 끈질기게 설득해서 친구들이 영수 학원을 다닐 때 저는 실용음악학원을 다녔습니다. 단순하게 예고를 가야겠다는 심산이었습니다.

그러나 본격적으로 입시를 준비하다 보니, 매일 혼나고 지적 받는 일이 많아졌습니다. 사실 음악이 너무너무 좋아서 시작한 것이 아니었다는 생각이 들기도 했습니다. 한편으로 예고 입시 정보를 찾아보니, 충격적이게도 예고 입학에도 중학교 내신 점수가 많이 반영된다는 것이었습니다. '이제라도 공부를 해 볼까' 하는 마음이 생겨났지만, 2학기 중간고사에서 전교 꼴등에 가까운 등수를 받게 된 후로는 완전히 공부는 포기해야겠다는 생각이 굳어졌습니다.

그러던 중 반에서 1등을 하는 친구를 통해 자기주도학습에 대하여 소개를 받게 되었습니다. 매니저와 상담을 한다는 사실이 신선했고, 어차피 나 혼자서는 어디서부터 공부를 해야 할지 막막했기에 지푸라기라도 붙잡는 심정이었습니다.

그리고 시험이 한 달도 안 남은 상황에서 마음먹고 공부를 시작해 보자 했지만 처음에는 생각만큼 쉽지 않았습니다. 하지만 매니저님과 상담 시간에 구체적으로 목표를 잡고 계획을 세워 매일 공부해 나가다 보니 조금은 성취감이 들기도 했습니다. 그렇게 기말고사를 치르게 되었고 성적표가 나왔는데 평균 30점이 올랐습니다. 잠도 안자면서 죽기살기로 공부했는데 고작 평균이 60점 대라니 사실 많이 뿌듯하지만은 않았습니다.

겨울방학이 찾아왔고, 좀 더 공부 시간을 늘려보자고 결심했습니다. 방학 동안 최선을 다하면 2학기 때는 1등 친구도 따라잡을 수 있지 않을까 하는 허황된 기대도 생겨났습니다. 그래서 2학기 중간고사 때 90점을 받겠다고 큰 목표를 잡고 아침 10시부터 저녁 10시까지 공부하기 시작했습니다. 한자 급수 시험 준비에 독서하고 독서록 쓰기, 영단어 암기 후 테스트까지 빡빡한 하루가 이어졌습니다. 난생 처음 그렇게 많은 시간을 공부해서 그런지 겨울방학이 매우 길게 느껴졌습니다.

기나긴 겨울방학이 끝나고 2학기 중간고사를 준비하면서 이번에는 전체적으로 골고루 성적을 올리는 것을 목표로 좀 더 구체적인 학습 계획을 잡왔고, 집에서 공부하는 시간을 늘렸습니다. 치열한 중간고사가 끝나고, 결과는 아깝게 90점을 못 넘긴 평균 89점이었습니다. 약간 아쉽기는 했지만 전에 비해 너무나 많이 오른 성적에 기뻤습니다. 태어나서 처음으로 받은 높은 점수였습니다. 정말 공부로 처음 기쁨을 느낀 순간이었습니다. 이제는 공부에 대한 확신이 생겼고, 지금보다 좀 더 열심히 한다면 공부로도 승산이 있지 않을까 하는 생각이 들었습니다. 그렇게 중간고사 이후 과감히 저는 음악을 취미로 하기로 결정하고 1순위를 공부로 바꿨습니다.

기말고사를 준비하면서 매니저님과 공부에 방해되는 요인부터 제거하기로 결정했습니다. 그래서 시험 대비하는 한 달 간 휴대폰 사용을 금지하기로 했습니다. 목표 성적을 93점으로 잡고, 만약 목표를 달성하지 못하면 한 달 간 휴대폰을 더 금지하기로 약속했습니다. 전과는 다르게 내가 부족한 부분이 무엇인가 곰곰이 생각해 보았고, 공부하다가 힘이 들 때면 동기부여해 주는 글귀를 찾아서 책상에 붙이거나 메모해 두면서 마음을 잡았습니다.

아직은 영어 공부에 자신이 없었기 때문에 영어 문장을 통으로 암기하였고, 수학은 교과서를 3번 이상 풀었습니다. 순조롭게 시험을 봤습니다. 시험지를 받는 순간 매번 기대가 되어서 떨렸습니다. 가채점을 할 때마다 100점 아니면 한두 개 틀린 90점대 점수였습니다. 어떤 날은 3과목 모두 100점을 맞기도 했습니다.

서술형 채점까지 모두 마무리 되고 나서 담임 선생님께 등수를 여쭤봤습니다. 선생님께서는 2년간 고정적으로 전교 1등한 학생을 제치고 제가 전교 1등을 했다고 말씀해 주셨습니다. 평균은 무려 98점! 담임 선생님께서는 저에 대해서 너무나 놀랐다고 하시면서 대단하다는 말만 반복하셨습니다. 저 역시 어안이 벙벙했습니다. 설마 했는데 내가 전교 1등이라니!

공부를 잘 하게 되자 많은 것이 바뀌었습니다. 그동안 품었던 막연한 불안감은 사라지고 앞으로 멋진 어른이 될 수 있을 것 같은 확신이 생겼습니다. 이제 저의 꿈은 서울대학교 건축학과에 진학하여 훌륭한 건축가가 되는 것입니다. 작년 겨울방학 때 서울대학교에 가겠다는 나의 말을 비웃던 친구들은 이제 더 이상 저를 비웃지 않습니다

"공부할 수 있는 환경을 만들어라"

원래 저는 공부할 때 가장 힘든 것이 이것저것 참견하는 습관이었습니다. 친구들과 문자도 수시로 주고 받고, 책상에 꽂힌 모든 것을 만지작거리며 손장난도 많이 했습니다. 정리정돈이라곤 한 적이 없는 책상은 늘 어지러웠습니다.

그런데 상담 때 매니저님이 공부 환경이 저에게 매우 중요하다는 이야기를 해 주셨습니다. 그 때부터 공부를 시작하기 전에 책상 정리부터 하게 되었습니다. 공부에 필요 없는 물건은 모두 눈에 보이지 않는 곳으로 치우고, 공부할 책과 필기구만 꺼내 놓고 공부를 시작합니다. 힘들고 지칠 때마다 힘을 주는 글귀를 찾아 잘 보이는 곳에 붙여 두기도 합니다.

저처럼 오지랖이 넓고 참견하기 좋아하는 사람에게는 공부에 집중할 수 있는 환경이 가장 먼저 갖추어져 있어야 한다고 생각합니다.

TYPE
14

공부를 게임 미션처럼!
공부 재미를 찾아라

타입 체크리스트

아래 체크리스트는 모두 10개의 문항으로 구성되어 있다.
자신에게 맞는 문항에 체크해 보자.

—

- [ ] 사교성이 좋으며, 처음 보는 사람과도 잘 어울린다.

- [ ] 무엇을 하기로 결정할 때 생각을 오래 하는 편이 아니다.

- [ ] 커서 하고 싶은 일이 자주 바뀐다.

- [ ] 공부를 주제로 이야기하는 것은 불편하다.

- [ ] 다른 사람의 의견을 들은 후, 결심이 바뀌는 경우가 많다.

- [ ] 공부보다 관심이 가는 주제가 아주 많다.

- [ ] 관심이 가는 일은 많은데 꾸준히 하는 일은 거의 없다.

- [ ] 안 되는 일로 오래 고민하지 않는다.

- [ ] 공부를 하려고 책상에 앉아도 30분을 못 넘기고 일어난다.

- [ ] 친구들과 약속해도 시간을 못 지킨 적이 많다.

▲

☑ **8개 이상** : **Type14**가 확실해요.
5~7개 : **Type14**가 의심됩니다.
5개 미만 : **Type14**가 아니군요.

"세상에는 재미있는 것이 너무 많아"

—

진수에 관한 모든 것

이름	이진수	학년	고등학교 1학년

질문 1 장래 희망과 그 이유는?

술집 사장. 사장이니까 누가 일을 시키지도 않을 것이고, 오히려 다른 종업원한테 힘든 일은 다 시키면 되니까. 돈도 벌고, 술도 마시고, 놀 수도 있는 최고의 직업.

질문 2 닮고 싶은 인물과 그 이유는?

엄마. 편할 것 같아서. 아빠가 벌어다 주는 돈으로 펑펑 쓰고 집안일은 아줌마가 다 해 줌. 엄마가 바쁠 때는 친구들 만날 때나, 골프 약속이 있을 때뿐임. 자기가 좋아하는 일만 하면 되고 나머지는 놀기만 하면 되는 엄마처럼 살고 싶음.

질문 3 만약 다시 태어난다면 무엇으로 태어나고 싶은가?

예쁜 딸. 남자처럼 군대 걱정도 안 하고, 자기 하고 싶은 것은 다 하면서 살아도 남자들한테 인기도 많으니 가장 좋을 것 같음. 여자는 무조건 예뻐야 한다고 생각함.

질문 4 가장 싫어하는 일은?

공부. 자체가 싫음.

질문 5 장점과 단점은 무엇이라 생각하는가?

장점은 키 크고, 잘 생기고, 멋있고, 성격 좋고, 완벽하다. 하하하. 단점은 없음.

질문 6 매니저를 찾은 이유는?

친구가 가자고 해서.

질문 1. 장래 희망과 그 이유는?

상담 시간이었다. 매니저는 학생들에게 가고 싶은 학과를 선택해 실제 대학 지원서를 미리 써 보게 했다. '내가 정말 대학생이 될 수 있을까'라고 막연하게 생각했던 학생들도 막상 원서를 써 보면서 진지하게 미래를 생각했다. 여느 때와 달리 진수의 표정도 조금은 심각해진 것 같았다.

"매니저님 질문 있어요."

"진수야, 원서를 앞에 놓고 보니 생각보다 떨리지? 궁금한 것도 막 생기고. 그 긴장감! 좋았어. 그래 질문이 뭔데?"

"매니저님도 대학교 때 미팅 해 봤어요? 대학 가면 정말 매주 미팅 해요? 엄마가 그러는데, 좋은 대학 들어가면 예쁜 여자들이 줄을 선다던데, 진짜예요?"

"헐, 궁금한 게 그거였어? 내 생각에 진수는 착하고, 키도 크고, 잘생겼으니까, 여학생들한테 인기가 높을 가능성은 있다고 봐. 하지만 일단 대학을 가야 미팅이든 소개팅이든 할 거 아냐."

"그런가?"

"이제 소개팅 생각은 접고, 좀 진지하게 생각해 보자. 진수는 대학에 가면 어떤 공부를 하고 싶니?"

"뭐, 별거 없어요. 저는 술집 사장이 되고 싶어요. 술집 사장이 되려면 뭘 공부해야 해요? 사장이니까 경영을 공부해야 하나? 하지만 편하게 살고 싶어서 술집 사장이 되려는 건데, 굳이 이렇게 어려운 공부를 꼭 해야 해요? 맞다! 이왕이면 경치도 좋고 멋진 곳에다 술집을 차리고 싶어요. 예를 들면 하와이? 하와이에서는 영어를 쓰니까 그럼 영어과를 가야 하나요?"

질문 2. 닮고 싶은 인물과 그 이유는?

"어머니, 진수는 지금 고등학교 1학년입니다. 이제부터 공부에 조금씩 부담을 주려고 하는데 집에서 진수는 어떤가요?"

매니저는 매사에 건성건성, 마음이 늘 콩밭에 가 있는 진수가 걱정스러워 부모님께 물었다.

"아휴, 저는 마음 접었어요. 허우대는 멀쩡한 녀석이 하는 짓은 무슨 초등학교 저학년만도 못하니. 매니저님이 알아서 해 주세요."

"네……. 당분간은 진수가 제시간에 공부하러 오도록 어머님께서 도와주셨으면 합니다. 진수가 워낙 시간 약속 개념이 없어서요."

"저도 집에 있을 때가 거의 없어서 진수를 챙기기가 힘들어요. 그냥 자기가 알아서 하게 내버려 두세요. 고등학교 졸업하면 그냥 유학이나 보내려고요. 진수 성적으로 여기서 대학 나와 봤자 별 볼 일 없을 텐데요. 뭐."

"하지만 지금처럼 지내다가 유학을 가면 스스로 공부하는 훈련이 전혀 안 돼서 더 위험해요. 유학을 가더라도 준비가 필요합니다."

"유학을 보내도 걱정이네요. 열심히 공부해서 그냥 서울에 있는 대학에라도 들어간다면 좋긴 할텐데 그 정도는 가능하겠죠?"

"아…… 네……. 지금부터 열심히 하면 불가능하지는 않습니다. 그렇지만 현재 진수의 점수만 놓고 본다면 많이 부족합니다. 그래서 어머님의 도움이 필요합니다."

"아휴, 그 녀석 생각을 하니 또 가슴이 답답하네요. 한참 어린 여동생보다 행동하는 게 더 한심해요. 진수 아버지는 어차피 대학 가기는 글렀는데 그냥 고등학교 졸업하면 가게나 하나 차려 주라고 해요. 매니저님만 믿을게요."

질문 3. 만약 다시 태어난다면 무엇으로 태어나고 싶은가?

어느 날, 진수는 깊은 걱정에 잠겨 있는 듯 표정이 시무룩했다.

"진수야, 무슨 일 있니?"

"말도 마세요. 엄마한테 왕창 깨졌어요."

진수의 말에 따르면 문제의 발단은 여동생 진영이었다. 여동생 진영이는 진수와는 다르게 야무지고 영리했다. 어려서부터 공부도 잘했고 지금도 전교 회장직을 맡고 있었다. '글로벌 리더'라는 거창한 이름의 영어 스피치 영재반에서 장래 희망인 외교관이 될 준비를 차근차근 하고 있었다. 그러니 진수는 명절 때만 되면 모든 친척들로부터 '진영이가 오히려 누나같다'는 소리를 듣고 살았다.

오늘도 진수는 얼마 후 있을 영어 웅변 대회 연습에 몰두해 있는 진영이에게 시비를 걸었다.

"진영이 너, 내 게임기 못 봤냐?"

"오빠 물건은 건드리지도 않거든. 왜 또 그러는 거야?"

"네가 안 가져가면 누가 가져가? 게임기에 발이라도 달렸냐?"

이렇게 동생에게 생떼를 쓰자 안방에서 뛰어나온 엄마는 다짜고짜 진수를 나무랐다.

"공부도 하지 않으면서 왜 열심히 하는 진영이를 괴롭히는 거야? 이렇게 놀다가 대학에 떨어지면 너 같은 놈한테는 백 원 한 푼 안 줄 테니 그런 줄 알아."

진수도 성난 얼굴로 말대답을 했다.

"지난번에 분명히 진영이가 게임기를 만지는 것 같아서 그러는 건데, 엄마는 왜 진영이한테는 물어보지도 않고 나한테만 소리를 지르는 거야! 그리고 게임기랑 대학이랑 도대체 무슨 상관이야!"

화가 난 엄마가 몽둥이를 찾는 시늉을 하자, 진수는 황급히 가방을 들고 집을 나오게 되었다.

그런데 진수가 정작 서운한 것은 엄마가 동생 편만 들어주었다는 사실이 아니었다. 그보다는 이다음에 자기에게 한 푼도 물려줄 수 없다는 선언을 걱정하고 있었다.

"매니저님, 심각한 일이 벌어졌어요. 엄마가 돈을 주지 않으면 술집을 못 차리는데."

"그럼 할 수 없네. 힘들어도 공부를 하는 수밖에."

"아우, 짜증 나. 엄마는 진영이한테는 소리 한 번 안 지르면서 나는 막 때려요. 역시 딸로 태어났어야 돼. 다시 태어나면 꼭 여자로 태어날 거야."

질문 4. 가장 싫어하는 일은?

평소에 활발하던 진수는 공부 점검 시간만 되면 생기를 잃었다. 공부하다 말고 걸핏하면 딴소리도 잘했다.

"매니저님, 어제 「음악캠프」에 아이유가 나온 거 보셨어요? 전 아이유가 제일 노래를 잘하는 것 같아요. 얼굴도 예쁘고."

공부에 대해서 얘기가 나오면 진수는 곧잘 다른 얘기를 꺼냈다. 그날 공부한 것이 부실하면 할수록 딴소리의 강도도 높아졌다. 진수는 오늘도 거의 모든 질문에 대답하지 못했다.

매니저는 심각한 고민에 빠졌다. 진수는 자기에게 주어진 과제가 조금만 복잡하다 싶으면 곧바로 책을 덮어 버렸다. 딱 1분만 생각해 보면 알 법한 내용이지만, 얼핏 주문이 길다고 느껴지면 바로 포기해 버렸다.

그러니 당연히 다른 학생들처럼 한 번에 깊이 있는 내용에 도달할 정도로 충실하게 공부해 오는 것은 불가능했다.

매니저는 고심 끝에 방법을 생각했다. 진수가 공부해야 할 단원을 여러 겹으로 쪼개어 한 번에 한 가지 미션만을 달성해 오도록 한 것이다. 매 단계별로 공부해야 할 목표는 명확했다. 그렇게 한 단원을 세 겹으로 공부해 오는 것이다. 이른바 3단 고음 공부법.

Before		After
	1단계	
	2단계	
	3단계	

질문 5. 장점과 단점은 무엇이라 생각하는가?

정기 상담 시간이었다. 주제는 나만의 향수 만들기.

"나는 어떤 사람이 되고 싶은지, 고요한 마음으로 한번 명상해 보자. 나의 모습을 가장 잘 설명할 수 있는 단어들을 섞어 나에게 가장 어울리는 인품의 향수를 만들거야."

매니저의 말에 진수도 차분해졌다. 흰 종이에 예쁘게 그려진 아름다운 향수병 속에 진수는 자기가 마음에 드는 단어들을 적어 넣기 시작했다.

기쁨, 행복, 즐거움, 노랑, 그리고 가족.

진수는 이 재료들을 힘차게 섞어 자기만의 향기를 조제했다. 진수에게 꼭 맞는 향기였다. 진수의 곁에서는 밝고 즐거운 에너지가 가득했다. 행복하기를 소망하고, 걱정을 오래 간직하지 못하며, 늘 아옹다옹하지만 가족에 대한 애정이 넘쳐 나는 이진수라는 사람의 향기.

어떤 질문에도 초등학생 같은 대답만을 해서 어른의 기가 차게 만들었던 진수가 처음으로 보여 준 진지한 모습이었다. 복잡하지 않고, 뒤끝 없고, 이것저것 꼬인 데 없는 진수의 모습은 공부와 성적 때문에 스트레스에 억눌린 다른 학생들보다 훨씬 더 역동적이고 생기발랄했다. 매니저는 앞으로도 그 건강한 에너지가 공부와 경쟁으로 인해 억눌리고 퇴색하게 되지 않기를 진심으로 바랐다.

질문 6. 매니저를 찾은 이유는?

늘 활기 넘치는 진수에게는 친구도 많았다. 처음에 진수는 친구 따라 강남 가는 마음으로 매니저를 만나게 되었다. 놀기도 잘하고 공부도 잘하는 승민이 때문에 덩달아 매니저를 만나게 된 것이었다. 그러나 어서 빨리 어른이 되어 금기가 없는 신나는 세상에서 살아 보겠다는 진수의 완벽한 계획들은 매니저를 만난 후 균열이 생기기 시작했다.

매니저는 진수의 로망에 대하여 그저 이런저런 질문들을 던질 뿐이었다. 하와이에서 멋진 바를 차려 놓고 돈도 벌고, 놀기도 하겠다는 것은 매니저를 만나기 전까지 흠잡을 구석 없이 완벽한 미래였다. 스스로도 이런 멋진 꿈을 생각해 낸 자신의 상상력에 탄복할 지경이었다.

하지만 매니저와 이야기를 하다 보니, 그 완벽한 미래 속에 수많은 난제들이 숨어 있음을 알게 되었다. 자금 계획, 외국인 사업 정책, 이민 가능 여부, 언어 문제, 문화 문제, 기타 아예 무슨 말인지조차 알 수 없는 수많은 문제들이 얽히고설켜 한참 뒤에 정신을 차리고 보니, 도대체 뭘 어떻게 해야 좋을지 알 수 없는 지경에 이르고 말았다.

매니저는 현재 진수가 가장 즐겁게 몰두할 수 있는 특기가 무엇인지 함께 찾아보기로 했다. 진수는 조심스럽게 말했다.

"술집 사장이 당장 너무 힘든 일이라면, 일단은 태권도 사범이 되고 싶어요. 제가 중학교 3학년 때까지 계속 태권도를 배웠거든요. 사범님이 저한테 소질이 있는데, 운동 계속할 생각이 없냐고 하셨어요. 그런데 엄마가 고등학교 올라가면 공부해야 한다며 그만두라고 했죠. 그때도 엄마한테 대들다가 결국 더 혼났었는데……. 우리 사범님은 태권도 사절단으로 맨날 외국에 다니시곤 했었거든요. 저도 해 보고 싶었어요. 태권도 사범님이 되려면 어떻게 하면 되요? 체육학과를 가면 되겠죠?"

유토피아와도 같았던 술집 사장의 꿈을 접은 진수는 조금은 자신의 모습에 근접한 소망을 찾게 된 듯 에너지가 넘쳤다. 아기처럼 천진했던 진수도 한 발자국씩 성숙해지고 있었다. 그 꿈에 대해서도 역시 아직 많은 고민과 성찰이 필요할 것이다. 그 고민을 위해 앞으로도 매니저는 진수에게 수많은 질문들을 던질 것이다.

▶▶ 타입 프로파일 ◀◀

대표 입말	"공부만 아니면……"
공부 행동	공부에는 전혀 관심이 없다. 공부를 하겠다며 책상에 앉더라도 10분도 되지 않아 지금 막 생각난 무엇을 하기 위해 책상을 떠나기 일쑤이다.
성격	매우 유쾌한 성격으로 공부 외의 관심사로 늘 분주하다. 특유의 천진함으로 다른 사람에게 쉽게 다가가며, 나이에 상관 없이 주변의 사람과 친밀하게 지낸다.
스트레스 원인	공부에 관심이 없는데, 공부를 해야 하는 상황이 스트레스의 원인이 된다. 하지만 성격 상 신경 쓰이는 내용에 대해 깊이 고민하는 유형이 아니어서 평소에 스트레스를 받아 고민하는 모습은 거의 볼 수가 없다.

진짜 하고 싶은 것을 떠올리고 공부하라

—

1. 진짜 하고 싶은 일을 찾아라

공부에 관심도 없고, 공부를 해야 하는 당위성도 느끼지 못한다. 이런 학생에게 학생이니 공부하라고 한다면, 공부는 고문하기 위한 수단이 될 뿐이다. 그래서 학생이 스스로 공부를 필요한 것이라고 생각하는 순간이 필요하다.

평소 공부 외 것에 관심이 많은 학생은 스스로 하고 싶은 일과 그렇지 않은 일을 은연중에 구분하고 있다. 하고 싶은 일이라고 생각하는 것 중, 어른이 되어서도 꾸준히 하고 싶은 일을 찾아라. 미래와 연관 지어 공부해야 하는 과목이나 전공을 찾아가 공부를 시작하는 첫 단추가 될 것이다.

2. 학습 과목을 한정하고 기초, 후행 학습으로 기반부터 다져라

공부할 과목을 정했다면, 무엇부터 공부할 것인지 세부적으로 생각해야 한다. 영어를 공부하기로 정했다면 무엇부터 공부해야 할까? 현재 학년의 내용을 이해하기 위해 필요한 능력을 먼저 길러야 한다. 그

것을 '기반'이라고 하는데 '기초가 되는 바탕'이라는 뜻이다.

영어를 공부하기 위한 기초에는 영어 단어, 영어 문법, 영어 듣기 능력이 있다. 기반 학습을 하는 데 적합한 교재를 정해 기초를 다지자.

3. 매일 꾸준히 공부할 수 있도록 공부 시간과 양을 최소화하라

공부할 과목과 내용을 정했다면, 이제 실천해야 한다. 공부 경험이 적은 학생이기에 한 번에 욕심을 내어 많은 시간을 공부하게 한다면 아마 한 시간도 되지 않아 공부방에서 뛰쳐나오게 될 것이다.

준비 운동을 하듯 공부에 익숙해질 시간을 가지자. 스스로 공부 내용을 살펴보며 매일 공부할 시간과 양을 정해 보자. 공부할 시간을 정할 때에는 '매일 7시~8시'처럼 규칙적으로 적용할 수 있는 시간대를 정하면 공부 습관을 만드는 데 도움이 된다.

애정을 가지고 기다려라

—

아동에서 어른으로 변화해 가는 청소년 시기, 학생들은 육체적, 정신적 급격한 성숙을 이루게 된다. 몸이 변해 가는 그 시각, 좁고 얕았던 어린이로서의 시각도 조금씩 넓고 깊어진다.

흔히 신체적 나이에 걸맞는 정신의 성장을 보여 주지 않는 아이들에게 '미성숙하다'는 말을 한다. 지독히 자기중심적이며, 본능에 민감하고, 타인을 이해하기 포용하기 어려워한다. 또 정신적 성장을 위한 다양한 활동에 관심이 없고, 재미없는 일에 대한 인내심이 적다. 훈계나 조언에 귀를 닫으니 대화가 불가능하며, 자기 감정에 호응해 주지 않으면 쉽게 토라진다.

그런데 주변의 어른들은 이 학생들에게 제 학년에 합당한 의젓함을 기대하기에 거기에서 어른들과의 갈등이 시작된다. 아이들의 정신적 성장이 조금 늦더라도 애정을 지니고 기다려 주는 인내심이 필요하다.

정신적 미성숙이 인격적 파탄으로 오해받기에는 청소년기 학생들의 영혼과 육체는 아직 성장이 멈추지 않은 미완성태라는 것을 이해해야 할 것이다.

자서전 만들기

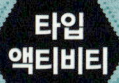
⊙ '이미지 트레이닝'을 통해 어떤 일을 경험하기 전에 미리 머릿속으로 그 상황을 상상하면서 준비해 보자. 아래 도움말을 잘 보고 내가 쓸 자서전의 표지를 만들어 보자.

자서전 자기가 쓴 자기의 전기로, 어떤 태도로 삶을 살아왔는지를 회상하는 형태로 쓰는 것. 세상에 던지고 싶은 메시지를 자기 생애로 전달하는 것.

[도움말]
자서전의 표지는 제목, 이미지, 카피로 구성된다.
❶ **제목:** 전달하고 싶은 메시지나 나를 드러낼 수 있는 키워드를 정한다.
❷ **이미지:** 자기 사진이나 제목과 어울리는 이미지를 사용해 보자.
❸ **카피:** 자서전을 사람들에게 소개하는 한마디이다.

지금까지 우리는 '공부'라는 힘겨운 난제와 맞서기 위해서 자신에 대한 탐색을 시도해 보았다. 공부를 더 잘하고 싶지만 무엇이 문제인지 몰라 답답했던 학생들도, 혹은 공부라면 무턱대고 싫어했던 학생들도 이 책이 나에게 맞는 해결책을 모색해 보는 계기가 되었기를 바란다.

나에 대한 이해가 깊어졌다면 부디 다른 학생들이 그러했듯 자신을 위한 새로운 도전을 시작하라. 단순히 문제를 진단하는 것에서 그치고 만다면 아무것도 달라지지 않는다. 더 나은 방법을 스스로 처방하며 끊임없이 도전하고 실천할 때에만 발전은 찾아온다.

이 책이 제안하는 방법들은 어찌 보면 한 눈에 쏙 들어오는 묘안은 아니다. 손쉽게 따라할 수 있을 만큼 단순한 것들도 아니다. 오히려 지금보다 더 깊게, 다각도에서 자신에 대하여 고민하고, 치열하게 사고할 것을 강조할 뿐이다. 삶의 중요하고 궁극적인 변화는 소나기와 같은 단발성 시도를 통해서는 결코 이루어지지 않는다. 공부에 있어서도 이 원칙은 절대적으로 동일하다.

청소년기의 중고등학교 학생들은 '성장'과 '공부'라는 두 가지 큰 과업을 동시에 수행해야 한다. 그 힘겨운 길의 한복판에서 학생의 손을 맞잡아 주고자 하는 존재가 매니저다. 이 책은 지면으로나마 학생들에게 유형에 따라 어떤 격려와 자극이 가장 시급한지를 일깨워 주고자 했다.

이 책을 통해 나와 가장 닮은 누군가를 발견할 수 있었다면, 책 속의 학생이 그러했듯 힘겨움을 극복할 수 있는 구체적 방법들을 찾아보기 바란다. 막연하게 뭉뚱그려 '힘들다'고 생각되었던 내 고통의 정체가 조금은 정리정돈 될 수 있을 것이다.

막무가내로 이것저것 시도하고 포기하기를 반복했던 암중모색의 시간들을 끝내고, 차분히 나에게 맞는 공부 설계를 시작하게 되었다면 이 책의 존재 이유는 충분하다.

모든 학생의 성공을 기원한다.

김송은

이것이 진짜 공부 스타일이다

초판 1쇄 발행 2014년 12월 10일
초판 4쇄 발행 2015년 12월 22일

지은이 김송은, 에듀플렉스 교육개발연구소, 정은희
펴낸이 김선식

경영총괄 김은영
마케팅총괄 최창규
기획·편집 이여홍 **디자인** 김규림 **크로스교정** 이은 **책임마케터** 최혜령
콘텐츠개발3팀장 김서윤 **콘텐츠개발3팀** 이여홍, 김규림, 최수아, 이은
마케팅본부 이주화, 정명찬, 이상혁, 최혜령, 박현미, 김선욱, 이소연
경영관리팀 송현주, 윤이경, 권송이, 임해랑

펴낸곳 다산북스 **출판등록** 2005년 12월 23일 제313-2005-00277호
주소 경기도 파주시 회동길 37-14 3, 4층
전화 02-702-1724(기획편집) 02-6217-1726(마케팅) 02-704-1724(경영관리)
팩스 02-703-2219 **이메일** dasanbooks@dasanbooks.com
홈페이지 www.dasanbooks.com **블로그** blog.naver.com/dasan_books
종이 월드페이퍼(주) **출력·인쇄** 갑우문화사 **후가공** 갑우문화사

ISBN 979-11-306-0433-6 (13370)

다산북스(DASANBOOKS)는 독자 여러분의 책에 관한 아이디어와 원고 투고를 기쁜 마음으로 기다리고 있습니다.
책 출간을 원하는 아이디어가 있으신 분은 이메일 dasanbooks@dasanbooks.com 또는 다산북스 홈페이지 '투고
원고'란으로 간단한 개요와 취지, 연락처 등을 보내 주세요. 머뭇거리지 말고 문을 두드리세요.